그날을 말하다

다영 아빠 김현동

4·16구술증언록 단원고 2학년 10반 제1권

그날을 말하다

다영 아빠 김현동

4·16기억저장소 기획 편집
(사) 4·16세월호참사가족협의회 지원 협조

일러두기

1. 음절로 식별 가능한 소리를 들리는 대로 전사하는 것을 원칙으로 한다.

2. 의미를 파악하기 위해 추가 설명이 필요할 경우 [ ]로 표시한다.

3. 몸짓, 어조 등 비언어적 행위는 ( )로 표시한다.

4. 구술자가 말을 잇지 못해 말줄임표를 사용하는 경우 ……, …로 길고 짧음을 표시한다.

5. 비공개 영역은 〈비공개〉로 표시한다.

6. 비공개해야 하는 희생자 형제자매의 이름은 ○○, △△ 등의 도형기호로, 생존자의 이름은 A, B, C 등 알파벳 대문자로 표시한다.

7. 비공개해야 하는 제3자는 직분이나 소속, 성만 공개하고, 이름은 ××로 표시한다. 비공개해야 하는 숫자는 자릿수에 상관없이 □로 표시하며, 지명은 □□로 표시한다.

4·16기억저장소에서는 세월호 참사 5주기를 맞아 구술증언 수집 사업의 결과물 일부를 100권의 책으로 발간하게 되었습니다. 이 사업은 2015년 6월부터 다양한 학문 분야 구술 연구자들의 자발적인 참여로 진행되어 왔으며, 세월호 참사를 좀 더 정확하고 다각적으로 기록하고 기억하고자 하는 노력의 일환으로 수행되었습니다.

　　2014년 참사 발생 이후, 참사 피해자들의 목격담과 경험은 안타깝게도 공식적인 국가기관과 언론의 기록 속에서 철저히 소외되거나 왜곡되었습니다. 그것은 세월호 참사가 우리에게 안긴 죽음과 고통의 충격만큼이나 우리 사회의 끔찍한 비극이었습니다. 따라서 사업을 진행하면서 세월호 참사 희생자 가족, 생존자, 생존자 가족, 어민, 잠수사, 활동가, 기자 등등, 참사의 초기 과정을 직접 경험한 분들의 증언을 우선적으로 수집했습니다. 구술자는 이 사업의 취지와 방식에 개인적으로 동의한 분 중에서 선정했으며, 참여 과정에 어떠한 금전적 보상이나 이익이 제공되지 않았습니다. 또한 구술증언 수집 사업을 진행하는 동안, 면담자는 연구자이자 참사를 겪은 공동체 시민으로서 최대한 윤리적이고자 노력했습니다.

구술자마다 매회 약 2시간씩 3회를 원칙으로 음성 녹취와 영상 촬영을 하는 방식으로 진행되었고, 증언의 일관성을 확보하기 위해 면담자는 큰 틀에서 공통 질문지를 사용했습니다. 공통 질문지의 내용은 참사와 구술자 간의 관계성에 따라 차이가 있지만, 유가족 구술의 경우 1회차 '참사 이전의 삶, 팽목항과 진도에서의 경험, 자녀에 대한 기억'을, 2회차 '참사 이후 투쟁과 공동체 활동 경험'을, 3회차 '참사 이후 개인 및 가족이 경험한 삶의 변화와 깨달음, 자녀의 현재적 의미'를 중심으로 했습니다. 이처럼 증언 내용은 참사 이전에서 시작해 참사 발생 당시의 경험과 이후의 변화 과정까지 폭넓게 수집했고, 면담자는 구술 채록 과정에서 구술자의 발화를 최대한 존중하고자 했으며, 무엇보다 각자의 특수한 경험과 다른 시각을 충실히 반영하고자 했습니다.

이 구술증언록의 발간을 위해, 채록된 음성 자료는 문서로 변환해 구술자와 함께 검토했고, 현재 시점에서 공개할 수 있는 영역과 할 수 없는 영역으로 구별했습니다. 따라서 책에 실린 내용은 모두 구술자로부터 공개를 허락받은 부분입니다. 비공개 영역은 추후 구술자의 동의를 받아 적절한 절차를 거쳐 추가로 공개될 수 있으리라 생각합니다.

이 구술증언록 100권에는 그동안 우리 사회에 왜곡되어 알려지거나 잘 알려지지 않았던, 참사 발생 직후 팽목항과 진도 혹은 바다에서의 초기 상황에 관한 중요한 증언이 포함되어 있습니다. 또한, 자녀를 잃는 잔인하고 애통한 상황을 겪으면서도 그 누구보다 강인한 정치적 주체로 성장할 수밖에 없었던 유가족의 마음과 경험을 구체적으로, 그리고 여러 각도에서 살펴볼 수 있습니다. 그 외에도, 이 구술증언록은 2014년을 전후한 한국 사회의 여러 측면을 드러내는 귀중한 자료가 되리라고 생각합니다. 무엇보다 국내외의 많은 분이 이 책을 읽어, 장차 세월호 참사의 진상 규명과 역사 서술에 기여할 수 있기를 바랍니다.

구술증언 수집 사업이 진행되고, 책으로 출간되기까지 많은 분의 도움과 지지가 있었습니다. 이 지면을 빌려 부족하나마 감사의 말씀을 전하고자 합니다.

먼저 (사)4·16세월호참사가족협의회와 4·16기억저장소에 감사를 드립니다. 이분들의 신뢰와 적극적인 협조가 없었다면, 이 사업은 처음부터 시작할 수조차 없었을 것입니다. 또한 어려운 정치 환경 속에서도 사업의 취지에 공감해 재정 지원을 결정해 준 아름다운가게와 역사문제연구소에 감사드립니다. 두 단체 덕분에, 이 사업을 4년 동안 계속해 올 수 있었습니다. 그리고 구술증언록 100권의 발간에 동의하고, 바쁜 일정에도 출판 실무를 기꺼이 맡아주신 한울엠플러스(주)에도 감사를 드립니다. 이 외에도 많은 개인과 단체가 직간접적으로 많은 도움을 주시고 격려해 주셨습니다. 여기에 모두 밝히지 못하는 것을 죄송하게 생각합니다.

　말할 필요도 없이, 가장 크고 또 가슴 아픈 감사는 구술자 한 분한 분께 드리고자 합니다. 이 책이 발간될 수 있었던 것은, 무엇보다 용기를 내어 아픔과 고통의 기억을 다시 떠올리고 장시간 진심으로 이야기를 해주신 구술자가 있었기 때문입니다. 오랜 시간 이야기를 나누며 함께 공감하기도 했지만, 그 아픔과 고통을 어떻게 가늠할 수 있을까 싶습니다. 더 큰 도움이 되지 못함을 안타까워하며, 이 구술증언록 100권의 발간이 피해자분들에게 조금이라도 위로가 될 수 있기를 기원합니다.

2019년 4월
4·16기억저장소 구술팀 책임자
서울대학교 인류학과 교수 이현정

차례

■ 1회차 ■

<u>15</u>
1. 시작 인사말

<u>15</u>
2. 구술에 참여하게 된 이유

<u>22</u>
3. 서울 생활과 사회운동의 접촉

<u>29</u>
4. 대학 진학 이후 기독교운동과 노동운동

<u>51</u>
5. 결혼 이후의 삶

■ 2회차 ■

<u>71</u>
1. 시작 인사말

<u>71</u>
2. 참사 초기 진도에서의 상황

<u>87</u>
3. 다영이의 장례 과정

<u>101</u>
4. 참사 이후 1년 반의 싸움

<u>128</u>
5. 참사 이후의 싸움이 삶에 미친 영향

다영 아빠 김현동

구술자 김현동은 단원고 2학년 10반 고 김다영의 아빠다. 다영이는 오빠들과 유난히 친했고, 책임감이 무척 강한 아이였다. 아빠는 경제적으로 힘들었던 어린 시절을 잘 견뎌준 다영이에게 항상 고마운 마음을 간직해 왔다. 참사로 인해 모든 것이 무너져 내리는 고통을 느끼면서도, 아빠는 다영이를 위해서, 그리고 같은 고통을 세상 사람들이 또다시 겪지 않도록 오늘도 다양한 진상 규명 활동에 적극적으로 참여하고 있다.

김현동의 구술 면담은 2015년 9월 2일, 23일, 2회에 걸쳐 총 3시간 45분 동안 진행되었다. 면담자는 임광순, 촬영자는 권용찬·이정수였다.

구술자 본인의 프라이버시나 제3자의 프라이버시를 보호해야 할 부분을 제외하고는 구술자의 발화를 있는 그대로 전사했다.

1회차

2015년 9월 2일

1 시작 인사말

2 구술에 참여하게 된 이유

3 서울 생활과 사회운동의 접촉

4 대학 진학 이후 기독교운동과 노동운동

5 결혼 이후의 삶

1
시작 인사말

면담자　　　본 구술증언은 4·16 사건에 대한 참여자들의 경험과 기억을 기록으로 남김으로써 이후 진상 규명 및 역사 기술에 기여하고자 합니다. 지금부터 김현동 씨의 증언을 시작하겠습니다. 오늘은 2015년 9월 2일이며, 장소는 안산시 단원구 4·16기억저장소입니다. 면담자는 임광순이며, 촬영자는 권용찬입니다.

2
구술에 참여하게 된 이유

면담자　　　오늘 부산 일정 마치고 올라오셔서, 그리고 오늘 처음 뵙기 때문에 편하지 않으실 수도 있겠습니다.

다영 아빠　　아이, 뭐 편하게 하시죠.

면담자　　　네, 편하게 말씀해 주시면 될 것 같아요. 오늘 인터뷰는 어떤 분께 이야기 들으셨나요?

다영 아빠　　아까 저기, 저기 있던 [4·16기억저장소] 실무자한테 얘기 들은 거죠.

면담자　　　언제쯤 들으신 거예요?

다영 아빠　　며칠 전에 그 얘기 들었죠, 뭐 인터뷰 있다고.

면담자　어떤 인터뷰인지 이야기를 미리 들으셨지요?

다영 아빠　"그냥 구술이고 기록에 남기기 위해서 가족들의 얘기를 조금 기록으로 남기고 싶다" 이렇게 얘기했었거든요. 그래서 '그 거는 좀 반드시 필요하겠다' 처음부터 생각을 했었고. 전에 『금요일엔 돌아오렴』 그때도 인터뷰를 했었거든요. 그래서 그때도 사실은, '물론 출간도 하지만 거기에서 미처 여러 가지 영향을 봐서 기록으로 남기지 못하는 것들은 구술로 남아 있어야 되는 건데' [하고 생각하고 있었어요]. 그런 자료들도 계속 취합을 해서 보관을 해야 될 것 같구요. 그래서 한편으로는 '그때 했는데 또 다시 얘기를 하느냐' 그런 의아함은 들었지만 그래도 다시 또 "기록 차원에서, 보관 차원에서 한다" 그러니까 '의미는 크겠다' 싶어서 '좋겠다' 싶었어요. 그래서 참여를 하게 된 거죠.

면담자　저도 『금요일엔 돌아오렴』을 다시 읽고 왔는데요, '책에서 이런 이야기가 더 있었으면 좋겠다, 빠진 게 있다' 하는 부분도 있으셨나요?

다영 아빠　사실은 그때 저 개인적인 얘기도 많이 했었는데, 나중에 제가 "다 빼자" 그랬어요. 그거는 이제 그 당시 한창 투쟁 중이었고, 그런 사생활이나 개인의 이력들이 공개가 되면은 오히려 적들의 공격 거리가 되기 때문에 그런 것은 신상 털기잖아요. 그래서 '그거는 좋은 게 아니다' 싶어서 "그런 거 다 빼자" 얘길 했어요. 그렇게 해서 한정된 얘기만 했었고, 그렇다 보니 그렇다 보니까 내용이 글쎄 좀 부족한 측면이, 제가 느끼기에는 부족했죠. 그런 건 아쉬운 게 있었죠. 만약에 이제 거기서 애당초 그런 것들을 이해했으면은 좀 더 다른 쪽으로 더 얘기를 많이 했을 텐데 그러지 못했었죠.

면담자   『금요일엔 돌아오렴』에 보면, 아버님께서 "유경근 대변인이 정의당 당원이라고 공격받았을 때에 방어해 주셨다" 그런 이야기가 있더라고요.

다영 아빠   그래서 제가 이제 다른 가족들은 자기의 개인의 그런 경험들을 많이 [인터뷰]했는데 저는 '개인의 그거보다는 그 당시의 팽목의 실상하고, 그담에 그 이후에 우리 가족들이 정신 차리고 가족대책위[4·16세월호참사유가족대책위원회] 형성을 하고, 이제 가족대책위로서 활동을 조직적으로 하는 과정들, 그런 것들을 좀 더 얘기를 했으면 좋겠다' 싶어서 주로 그런 얘기를 주로 제가 많이 했죠. 그래서 『금요일엔 돌아오렴』에서도 보면은 제 얘기들이 팽목 초기의 상황들하고 초기의 가족대책위 활동, 형성 과정들 고것이 좀 그래도 비교적 나와 있죠.

면담자   일부러 팽목의 상황에 초점을 맞춰서 인터뷰를 해주셨던 거네요. 아버님 인터뷰 내용을 보니 시간대별로 일목요연하게 정리가 잘되어 있더라고요. 그래서 저는 '팽목에 오래 계셔서 그랬던 건가' 하면서 의아해했었어요.

다영 아빠   그게 신기하다기보다는 그렇게 닥치면은요, 자기 일이기 때문에 다 기억을 하게 돼요. 또 그것을 앞으로도 우리가 더 큰 일을, 진상 규명이라는 더 큰일을 해야 되기 때문에 더 생각을 많이 하게 돼요. 그러다 보니까 그렇게 나왔던 것 같아요. 저도 뭐 그 당시에 정신없이 지내면서도 나름대로 '나라도 정신 차려가지고 전체 우리 가족들이 똘똘 뭉쳐서 싸워야 되겠다' 이런 생각을 했기 때문에, 나의 슬픔 그런 것들 추스르기도 전에 '그거 보다는 먼저 일을 좀 해야 되겠다' 이런 생각을 했던 것 같아요, 그 당시에. 그러다 보니까 그때『금요일엔 돌아오렴』그때 인터뷰하고 이럴 시기에도 사실은 투쟁 중이었고, 가족들이 앞으로 어떻게 될지 이런 상황도 모르는 상황이지만, 그래도 저는 제 삶의 과정 속에서 제가 그런 투쟁에서 저도 일정하게 참여해서 했기 때문에 그 싸움의 성격이라든가 앞으로 진행되는 방향에 대해서 제가 나름대로는 감을 잡고 있었죠. 그래서 누구보다도 먼저 그런 방향에서 여러 가지를 준비하고 계획해 가지고 추진했죠. 그중에 하나가 이제 초기에 사실 이 기록단도….

면담자   기록단 이야기 포함해서 다시 한번 말씀해 주시면 좋을 것 같아요.

다영 아빠   그 당시에 이제 제가 직책은 자문위원, 자문위원이었어요.

면담자   가족대책위 자문위원이요?

다영 아빠   가족대책위의 위원장 하나 있고, 부위원장 하나 있고, 그담에 총무 하나 있고, 그리고 이제 그 뒤에 좀 확대를 해서 언론 담당하는 대변인 해가지고 그 당시에 유경근 씨가 대변인이었고, 법률지원단 조직하는 자문위원이라 그래서 네 명을 또 선정했었어요. 그중에 저하고 창현이 아빠하고 수인이 아빠하고 뭐 이렇게 또 한

분 남수빈 아빠, 그래서 네 분이 원래 대외협력 [담당]인데, 위원장님이 자문위원이라고 얘기를 하더라구요, 그래 뭐 명칭이야 중요한 게 아니니까. 그래서 자문위원들이 주로 한 게 [세월호 참사 피해지원 공익]법률지원단 조직하는 것이고, 저는 별도로 제가 '기록단 이것을 반드시 해야 되겠다' 생각을 해서 그 당시에 김종천 [세월호 시민기록단] 사무국장 그때 이제 제가 알았구요, 그담에 팽목에서 김익한 교수님 그때 제가 알았죠.

면담자   김종천 사무국장은 원래 이전부터 알고 계셨던 건가요?

다영 아빠   아뇨. 잘 몰랐죠. 저도 사실은 옛날에 몇십 년 전에 사실은 안산에 노동운동 하러 제가 왔었어요.

면담자   1988년에 오셨지요?

다영 아빠   네, 네. 88년도에 와가지고 시작을 했죠. 그래서 활동을 했었는데, 사실 김종천 국장은 한참 후배고 나중에 일을 했기 때문에 제가 잘 몰랐었죠. 이번에 참사 터지고 다른 사람을 통해서 제가 소개를 받았죠. 지역에 제가 경실련[경제정의실천시민연합] 운동을 했었기 때문에 지역 활동가들은 몇몇은 알고 있기 때문에, 그분을 통해서 했었고…. 사실은 저는 그런 기록 운동에 대해서는 잘 모르는 상황이었죠. 근데 필요성을 느껴서 김종천 국장을 통해서 얘기를 들었고 '기록단이 필요하다' 생각을 했었구요. 그리고 그 뒤에 5월 초에 팽목에 내려갔었는데 그때 김익한 교수님을 만났죠. 그분 만난 것도 제가 이제 그 전까지는 사실은 내, 우리 애기 찾느라고 정신없었고, 그래서 주변을 돌이켜 보지 못했는데, 그때 이제 팽목에 실종자 가족들이 있기 때문에 그분들 같이 위로하고 같이 함께하기 위해서 갔었는데, 시간이 돼서 주변에 천막들을 둘러보는 가운데서 저 끝에 기록단 그래 가지고 어떤 한 분이 앉아 계시더라고.

그분이 김익한 교수님이었었고 계속 초기부터 기록을 다 정리하고 계시더라고, 오셨던 분들, 그 리본이라든가 추모 글이라든가 이런 모든 내용들을 다 기록으로 보관을 했었고…. 그래서 그분한테 내가 여쭤봤죠. 여기서 주로 어떤 일을 하시냐고 이렇게 물어보고, 그분하고 이제 상당히 약간 의기투합이 돼가지고 그 옆에서 또 커피 한잔 마시면서 좀 더 구체적으로 앞으로 가족들, 기록 활동에 대해서 같이 얘기를 좀 했었어요. 저하고 생각이 상당히 많이 일치가 됐고, 그분의 아이디어가 상당히 좋더라구요. 그래서 "그럼 저희랑 같이합시다" 해가지고 제가 김종천 국장이 하는 거 얘기했고, 그쪽이 "같이해서 한번 기록 활동을 합시다" 제가 제안을 했었고요. 그분도 흔쾌히 받아줬고 그래서 그 뒤로 계속 기록 얘기를 많이 했죠. 사실 초기에 김종천 국장은 우리 가족들한테는 "아이들 개인별로 CD를, 이렇게 아이들의 기록을 하고 반별로 또 그런 CD를 만들어서 이후에 기억관 만들고, 이럴 때 그 CD를 보급을 해주기도 하고 그걸 저장을 했으면 좋겠다" 이런 얘기를 하면서 부모들한테 호응을 많이 받았던 거 같아요, 그 부분에 대해서. 그렇게 시작을 했죠.

면담자   이 시기가 다영이를 25일에 떠나보내고 다시 팽목에 내려가셨을 때 이야기지요?

다영 아빠   그렇죠.

면담자　　　　그럼 4월 말이나 5월 초인가요?

다영 아빠　　　5월 9일쯤 됐어요. (면담자 : 5월 9일쯤) 네, 5월 9일이
요. 그래서 제가 5월 9일 날은 제가 내려가면서 공식적으로 총회가
열리는 날이었어요. 그 총회에서 기록단을 공식적 인증, 인준하는
그런 날짜였어요. 제가 제안을 하고 그때 자리에 없으니까 사람들이
저한테 전화 와가지고 기록단 얘기 좀 해주라고 그렇게 했었어요.
그렇게 해서 일단은 긍정적으로 제가 얘기를 해서 인준은 됐는데,
그다음에 이제 얘기가, 원래 "그 당시에는 다들 정신없는 상황이었
기 때문에 공식적 인준은 됐지만 그래도 세부적으로 얘기를 듣고서
하자" 그래 가지고 그 뒤에 이제 나중에 또 추인을 다시 받았죠, 기
록단. 그런 우여곡절이 있었습니다, 기록단이.

면담자　　　　기록을 남겨야겠다는 생각을 하기는 쉽지 않은 거 같
아요. 그런데 4·16 참사 이후에 당장 기록을 남겨야 한다고 판단하
셨나요?

다영 아빠　　　글쎄요. 뭐, 좀 이따 제가 살아온 얘기를 좀 하면은 이
해가 될지 모르지만, 이런 것들을 제가 간접적으로는 좀 많이 경험
을 했거든요. 실제로 뭐 노동자, 열사들도 많이 있고 민주화 과정에
서 희생되신 분도 많이 계시고, 제가 이제 80년대 학교를 다녔고 이
렇기 때문에 그 당시에 우리 사회에서 그런 것들을 많이 봤고, 또 안
산에 와서도 그런 노동 열사들도 많이 있고 그래서, 그 대책 활동을
나름대로 해봐서, 그래서 그런 감을 일정하게 잡고 있[었]죠.

서울 생활과 사회운동의 접촉

면담자   그럼 얘기가 나온 김에 아버님의 성장과정, 안산에 오실 때까지를 제가 여쭤볼게요. 아버님 고향은 어디신가요? 사투리가 없으셔서 전혀 감이 안 오거든요.

다영 아빠   그래요? (면담자 : 네) 제가 원래 그 충청남도 공주 태생이에요. 초등학교 3학년 때 거기서 서울로 이사 왔구요.

면담자   서울 어디 사셨어요?

다영 아빠   서울 은평구 응암동 살았어요.

면담자   저도 응암동에서 태어났는데.

다영 아빠   아 그래요? 응암동 어디요?

면담자   응암4동이요. 대림시장 쪽이요.

다영 아빠   아 대림시장 쪽이요? (면담자 : 네) 거기가 응암초등학교 있는 데잖아요. 대림시장, 우리 맨날 시장 보러 다니고.

면담자   감자탕집도 있고.

다영 아빠   오, 그래요.

〈비공개〉

다영 아빠   거기도 내 고향이나 마찬가진데, 내가 거기 응암초등학교, 연서중학교, 숭실고등학교 이렇게 다녔어요. 그쪽에서 소싯적에 다 살았죠. 아, 그렇구나….

면담자   그럼 부모님하고 다 같이 공주에 계시다가 웅암동으로 올라오신 거예요?

다영 아빠   그러니까 이제 뭐 저기 공주에서 태어났고, 거기는 깡촌이었죠. 지금은 이제 장기지구라 그래서 세종시 만들면서 그야말로 행정수도가 됐지만 옛날에는 뭐 거기 아주 육지에 교통도 안 좋고 이런 아주 깡촌이죠. 우리 초등학교 때도 까만 고무신에 책 보따리 메고 학교 다니고, 20리를 걸어서 다녔으니까. 그렇게 깡촌이었었는데 지금은 장기 그러면 다 알잖아요. 거기서 초등학교 3학년 때까지 다니다가 서울에 [전학 와서] 다시 3학년을 다녔죠.

면담자   아버님 혹시 몇 년생이세요?

다영 아빠   원랜 61년생이고, 근데 호적에는 62년으로 돼 있죠.

면담자   예전에 그런 경우 많았잖아요.

다영 아빠   네, 뭐 나이 한두 살 차이는 보통 많이 바뀌고 그랬죠. 그래서 뭐 그 당시에 거의 한 [19]70년 정도 됐을 땐데, 그때 어떻게 보면 나는 이제 우리 현대사의 그런 상황들하고 거의 맥을 같이해요, 제 삶이. 조금 설명을 드리면은 이제 태어나는 것도 거의 5·16혁명 때 그때 태어난 거고.

면담자   그렇죠, 61년에 태어나셨으니까.

다영 아빠   그담에 70년대 서울 오는 거, 도시로, 이제 농촌에서 도시로 오는 고 시기.

면담자 　이촌향도 한창 붐일 때.

다영 아빠 　네, 한창 하고 새마을운동 하고…, 농촌이 워낙 낙후
하기 때문에 도시로 가서 교육이라도 제대로 받을려고 [했던 거죠].
그러면서 이제 서울에 그런, 돈 없으니까 뭐 자연스럽게 빈민들, 어
렵게 사는 데 가서 전세나 월세 살 수밖에 없잖아요? 전세로. 70년
대 초에 또 저희 아버지가 우리들 교육비 때문에 중동으로 또 [가시
고 했었지요].

면담자 　아버님께서 중동으로 파견근무 나가셨어요?

다영 아빠 　[아버님이] 가셨고, 다 이제 우리 현대사하고 같이 맞물
려 가지고 그렇게 쭉 왔고, 뭐 그런 과정에서 초등학교 때 그담에 석
유파동 나가지고 송진[채취] 그런 거, 쥐잡기하고, 송충이 잡고, 송진
이런 거 하고 다 이제…. 그담에 이제 집에 있는 놋그릇이라든가 이
런 거 다 [모으고] 할 때 그런 것도 다 했었고….

면담자 　그때가 아버님 열서너 살 때죠?

다영 아빠 　그렇죠, 그때 초등학교 때.

면담자 　1차 파동이면 73년, 74년경이겠네요.

다영 아빠 　그렇죠. 뭐 중학교 때도 저기 그때 갈탄을 때기 때문
에 학교에 난방을 하려 그러면은 이제 [연료를] 날라 오잖아요? 개인
당 [밑불에 쓸] 땔감을 요만큼씩 해갖고, 나무를 해갖고 가져가서 하
고 그랬죠. 그렇게 그 시기를 지냈고, 거의 뭐 초등학교 후반에서 중
학교 때까지는 아버지가 중동에 가서 일을 했었고, 그 뒤에 아버지

돌아와 가지고 건설 쪽에 일을 계속하셨구요.

면담자   아버님께서도 중동 가실 때에 건설노동자셨네요.

다영 아빠   저희 아버지는 네, 원래 건설노동자 하셨구, 갔다 와서는 당장 또 일이 없어 갖고, 그 당시에 일거리가 많지 않기 때문에 막노동 있잖아요? 상수도를 막 곡괭이로 파는 것부터 시작해서 그런 것도 하고 그렇게 하다가 건설회사 쪽에 다니셨죠. 건설회사 다녔었고, 그거 하면서 거기서 회사가 큰 회사니까 거기서 학자금이 이제 나온다고, 그거 땜에 형하고 나하고는 이제 고등학교, 중·고등학교 때 그 학자금 받아갖고 썼고, 아버지도 이제 학자금 때문에 계속 그 회사를 다니셨던 거고….

면담자   제가 5형제분이라고 알고 있는데 몇 째신 거예요?

다영 아빠   5형제 중에 제가 둘째죠.

면담자   위에 형님 계시고 밑에 동생분들 계시고.

다영 아빠   둘째고 내 바로 밑에 애가 큰집으로 양자를 갔어요. 큰집이 또 딸만 다섯 이래 갖고, 그래서 이제 큰집의 막내가 또 나랑 동갑이야. 그래 가지고 내 바로 밑의 애가 낳자마자 큰집으로 양자를 가서 그쪽에 갔고, 우리 4형제가 주로 살았구요. 어차피 가까이 살았으니까 우리 동생도 계속 놀러 와서 거의 5형제가 같이 호흡을 하면서 살았죠.

면담자   그럼 대학은 81학번 맞으시죠?

다영 아빠   네. 제가 고3 때 광주항쟁을 경험을 했어요. 친구가,

그쪽에 화순에 사는 친구가 있었는데, 그때 그 친척이 광주항쟁에 참여를 하셨던 분이야. 그때 같은 반이었었는데 그런 얘기를 좀 많이 들었어요. 그래 가지고 그 당시에 광주항쟁에 대해서 내가 상세하게 얘기를 많이 들었죠.

면담자　　　　그럼 대학 가시기 전에 광주를 이미 알고 계셨네요.

다영 아빠　　　이미 사회 나오기 전에 그런 거를 알았죠, 알고…. 사실 뭐 고등학교 1학년 때, 1학년 때부터, 옛날에는 이제 등사기를 해가지고 노래도 주로 가사로 해서 '타는 목마름으로' 뭐 이런 가사라든가 '텅 빈 지게' 이런 거 있잖아요? 옛날에 '아침이슬' 그런 게 다 이제 말하자면 금지곡이기 때문에 못 불렀다고. 그래서 고거를 가사를 등사로 이렇게 해가지고 그거 갖고 다니면서 이렇게…, (면담자 : 고등학교 때요?) 고1 때, 고1 때 내 친구가 저기 기장[한국기독교장로회] 쪽에, 그쪽에.

면담자　　　　기장이면 한국기독교장로회 말씀하시는 거죠?

다영 아빠　　　네. 걔네, 걔네 아버지가 그쪽이 민주화운동 그쪽으로 많이 하신 분들이라…. 원래 기장 쪽이 70년대 그런 일을 많이 했잖아요.

면담자　　　　맞아요.

다영 아빠　　　그 친구도 그 영향을 받아서 있었는데….

면담자　　　　KNCC, 한국기독교교회협의회죠?

다영 아빠　　　네, NCC. 그래 갖고 저도 걔네 교회에도 가서, 그 친구

26

가 가자고 그러니까 가서 같이 예배도 하고 같이 토론도 하고 이렇게 했었다고. 그러면서 그 당시에 거기 가서 그런 노래도 좀 같이 불러 보고 그런 유인물도 같이 나눠서 이렇게 돌려 보고, 그 친구가 권해 주는 책들, 그 당시에 뭐 『민중과 사회』라든가 『민중과 지식인』 이런 거, 그런 것들은 이제 주로 고1 때 주로 많이 읽었어요. (면담자 : 저자가 한완상 교수죠?) 한완상 교수님, 네. 그 당시는 그게 대단한 거였지. 거의 교과서 비슷하게 해서 그거 많이 읽었죠, 읽고….

면담자　　　어린 나이에 그런 걸 많이 아셨네요.

다영 아빠　　고1 때부터 그걸, 현실 문제에 대해서 박정희, 박통의 그런 아주 폭압에 대해서….

면담자　　　그때가 유신정권 말기였고 사건들도 많았고요.

다영 아빠　　그렇죠. 그래서 그런 인식을 저는 하고 있었고, 결정적인 거는 고3 때 광주 사태, 진짜 이 대한민국 군인이 어떻게 민간인을 그렇게 무차별적으로 학살할 수 있을까 이런 것들에 대한 어떤 충격을 많이 받았던 것 같아요. 그래서 거의 생각이 그때 이제 많이, 제 삶이 많이 바뀌었어요. 가치관이 바뀌었어요.

면담자　　　그러면 기장 쪽에 있던 친구분과 교회를 같이 다니신 거예요? 아니면 동아리를?

다영 아빠　　아니 나는 이제 교회도 싫고, 기존 교회 뭐 다니기도 싫고 [해서] 그냥 거기만 가끔, 그쪽 모임 있으면 참여했고.

면담자 회합 같은 거 있으면 가시고.

다영 아빠 네. 갔고 그냥 별도로 우리 친구들끼리 몇 명이서 책 읽고, 아까 얘기했던 『민중과 사회』나 『민중과 지식인』 이런 거 책 읽고 같이 그냥 얘기하구 이런 정도? 그런 거였죠.

면담자 어릴 때부터 활발하셨네요.

다영 아빠 활발한 건 아니고 그냥 그 당시에 어떤 삶의 가치관 이런 것들 정립하고 이럴 때 나름대로 그런 현실 문제에 대해서 좀 관심을 많이 받았던 것 같아요. 또 나는 아니지만 주위에서 과외 하는 애들이 뭐 이제 연[세]대라든가 서울대 형들한테 과외를 받으면은 그 형들이 얘기를 많이 해주나 봐. 우리끼리 이제 그럼 데모하는 얘기라든가 이런 것 좀 많이 듣고 그렇게 자랐죠.

면담자 고등학생들 사이에서도 알음알음 다 소문이 퍼졌었나 보네요.

다영 아빠 왜냐면 우리, 우리 그 동네가 응암동, 수색 이러니까 신촌하고 가깝잖아.

면담자 그렇죠, 연대 옆이고.

다영 아빠 학원 다닐 때 이제 주로 종로에 많이 다녔으니까, 종로랑 서대문 쪽에 학원을 많이 다니니까 버스를 타고 가면은 거길 지나간다고. 어떤 때는 막 최루탄 때문에 막 그냥 눈물, 콧물 다 나

고 막 이러거든 버스로 지나가도. 그럼 뭐 그 당시만 해도 데모를 맘
대로 못 하는 시기였기 때문에 도서관에 막 이렇게 매달려 가지고
유인물 뿌리고 밑에서 스크럼 짜고 막 하면 순식간에 경찰 미쳐갖고
다 잡아가고…. 그러고서 밑에 신문에는 이제 요만한, 요만한 하단
에다가 "어디에서 어떻게 시위하다가 누가 어떻게 잡혀갔다" 뭐 고
정도만 가십거리로 나오는 요런 식이었어요. 그래서 습관적으로 이
제 그런 게 궁금하다 보니까, 주로 위에보다는 거기를 많이 본 거 같
아, 가십거리에. 그래서 오늘 뭐 어느 대학에서 또 했다, 어느 대학
이었다 뭐 이런 거, 고런 게 좀 관심이 많았던 것 같애, 그 당시에.
그래서 그러다가 이제 광주항쟁 터지면서 제가 쇼크를 많이 받았죠.
그래 가지고 더 이제 깊이 고민을 사실은 했었지 고3 때. 그런 일이
있었지.

4
대학 진학 이후 기독교운동과 노동운동

면담자   그럼 대학은 81년에 가신 거예요?

다영 아빠   그러다 짤렸지. (면담자 : 대학을요?) 네, 앞만 갔다가
짤려서….

면담자   죄송한데 언제 입학했다가 짤린 건지.

다영 아빠   아니 뭐 그 얘기는 할 필요 없고, 어차피 몇 달 못 다

넜으니까. 짤렸고, 그래서 계속 재수를 했어요. 삼수했지, 삼수. 삼수해 가지고 우리 아버지가 이제 고다음에는 데모 제일 안 하는 데에 직접 아버지가 원서 가지고 가서 접수했어요. 그래서 제가 단국대학교 경영학과 나왔는데, 그 당시에 단국대학교가 데모를 제일 많이 안 했지. 그래 갖고 아버지가 거기 가갖고 접수 다 시켰다고. 그래서 거기 그냥 다녔는데, 입학을 했는데, 그래서 그 당시에 입학을 했지만 거의 학교를 안 다니고 종로 그 NCC 밑에 EYC라고 기독청년협의회가 있어요. (면담자 : 네) 거기서 활동을 했어요. 학교는 거의 안 가고 주로 활동을 거기서 했지. 그 당시에는 워낙 전두환 시절에 탄압이 심해 가지고 지금처럼 이렇게 다양한 청년 조직이나 학생 조직이 없었어요.

그래서 청년 조직은 민청련[민주화운동청년연합], 저기 김근태 선생이 하던 민청련, 이제 그 선배가 그쪽 민청련 이끌고 있었고, 한쪽은 EYC, 기독교 쪽에 그 당시만 해도 기독교 이제 기장 중심해 갖고 NCC가 상당히 민주화운동을 많이 했어요. 워낙 탄압이 심하다 보니까 일반인들도 기독교 쪽으로 많이 들어와 가지고 거기서 종로5가에서 많이 했죠, 저희 청년 조직에서.

면담자 　　　EYC가 기장 쪽이에요?

다영 아빠 　　　아니, 아니요. 기장, 예장, 감리교, 뭐 성공회, 뭐 복음교회 여섯 갠가 있어요, 구세군까지.

면담자 　　　그럼 EYC 자체는 어떤 특정한 종파는 아니고.

다영 아빠 　　　EYC는 이렇게 여섯 개 교단이니까, 진보적인 교단이 모여 있는 게 NCC거든요, 한국기독교교회협의회. 거기 산하의 청년 조직이 이제 [EYC인 거죠].

면담자　　EYC가 NCC 산하의 청년 조직인 거예요?

다영 아빠　　거기가 NCC 산하의 청년 조직이 이제 EYC고, 거기마다 각 교단마다 청년회가 있어요. 나는 이제 장청[한국기독교장로회 청년연합회]이라 그러는데, 대한예수교장로회 통합 쪽, 거기 그쪽 조직이 있어.

면담자　　예전 통합 쪽?

다영 아빠　　네, 그쪽이 전국 조직이거든? 예를 들어서 뭐 1년에 한 번씩 전국 8·15 해방대회를 해요. 전국에서 한 2000여 명 정도 모여요, 우리 교단만 하여튼. 그런 대회도 하고 그랬죠. 거기에다가 이것저것 다 했죠, 전국 부총무까지 했으니까. 부총무 겸 실행위원장 했었으니까.

면담자　　그런데 그 시기에 운동 내에서 종교운동 외피를 써야 한다, 벗어야 한다 이런 논쟁이 있었잖아요.

다영 아빠　　그때 하면서, 그죠, 그럴 때였고. 그렇게 해서 그 뒤로 이제 6월 항쟁까지 거기서 했죠. 그래서 4·13 호헌조치라 그래서 87년 도 4월 13일 날 전두환이가 호헌조치를 발표했다고요, 장기 집권하려고. 그거를 우리 기독교도 삭발 단식기도 하면서 들고일어났고 전국의 대학교수들, 양심적 지식인들 다 시국선언 하고 저항할 때였어요. 나도 그때 삭발단식 그때 했었죠. 그때 21일인가 삭발단식을 했어요.

면담자   그때는 계속 청년운동을 하셨던 거죠?

다영 아빠   청년학생운동이었죠. 거기 이제 EYC가 있고 밑에 KSCF라고 청년기독학생총연맹이 또 있어요. 거기도 이제 각 대학마다 다 있거든요. 같이 KSCF하고 EYC하고 같이했죠. 나도 이제 학생이면서도, 나는 이제 EYC 쪽에서 교단, 장청 쪽으로 해서 내가 주로 그 일을 했었고. 그 당시에는 또 전대협[전국대학생대표자협의회]도 있었잖아요, 전대협 있었고, 전대협하고도 교류하면서….

면담자   전대협과 사이는 괜찮으셨어요?

다영 아빠   그러믄요. 왜냐하면 이제 전대협은 학생 조직이고, 민청련은 일반 청년 조직이고, EYC하고 KSCF는 기독 청년 학생 조직이잖아요. 어차피 같이하고 그렇게 해서 양대, 이 세 축이 말하자면 행동, 행동을 거기서 다 했죠. 우리도 이제 전대협하고 같이 전술도 구상하고 다 했지.

면담자   그럼 그 상태에서 딱 87년까지 맞이하신 거예요?

다영 아빠   87년 6월 항쟁. 4.13호헌조치 때문에 삭발단식 하고 그런 뒤에 바로 박종철 군 사건이 터지면서 이제 같이했죠. 그때가 거의 뭐 한 6월 가까이 됐어요, 그때 삭발단식 하고 이럴 때가. 그러면서 삭발한 상태에서 6월 항쟁을 치른 거지. 그때 이제 박종철 군 유인물을 엄청나게 뿌리면서 천주교 정의구현사제단에서 박종철 군 폭로하고 그러면서 정치적으로 팍 됐고, 그걸 이제 주도적으로 한 것이 종로5가였어요. 우리 기독교가 그때 주도적으로 많이 했죠. 그렇게 해서 이제 또 국민운동, 민주헌법쟁취 국민운동본부도 이제 종로5가에 있었고. 우리가 이제 그 실무를 다 했지.

면담자　　국본에서 실무도요?

다영 아빠　　국본 실무를 다 했고, 나도 사실은 서울 상황 실장이었지 내가. 그걸 다 했었고, 그 뒤로 이제 뭐 구로[구청] 부정선거[항의 점거농성]투쟁 했었다고. 그거 끝나고서 이제 저는, 그 당시만 해도 6월 상황 다 치르고 나서 사람들이, 운동 진영이 다 이제는 다 이뤘다 생각을 하고 다 저기 막 했었어요. 그래서 "앞으로 뭐 하냐. 이제 할 일 없지 않냐" 뭐 이런 분위기였다고. 그러면서 그 당시에 활동했던 사람들이 각자의 길을 많이 갔죠. 그럴 때 이제 기독교운동 했었던 사람들 중에서 많은 사람들이 신학생도 있었고, 신학으로 많이 가서 그들이 이제 목회 활동을 좀 많이 했고요. 한쪽으로는 또 이제 정치 쪽으로 간 사람들이 있고요. 나는 이제 그냥 '나는 기층 대중과 함께 있겠다' 그래서 안산에 내려왔죠. 내려와서 안산에서 노동운동을 그때부터 시작을 했지.

면담자　　그게 언제쯤일까요.

다영 아빠　　그게 이제 저기 87년 12월 달에 대통령 선거했으니까, 88년도 초에.

면담자　　구로에 잠깐 가셨다가 안산으로 오신 거예요?

다영 아빠　　아니, 아니. 그 당시에 이제 대선을, 대선까지 치렀는데 그 대선 과정에서 구로, 구로구청 부정선거가 있어 가지고 그게 들통이 나가지고 그걸 이제 투표함 잡고 막 싸우고 그랬었죠, 민주헌법쟁취 국민운동본부에서 이렇게 데모를 했었고. 대선 끝나고서 나는 말하자면 안산에 온 거지.

면담자   방금 말씀해 주신 기독교 계열의 80년대 운동 분화는 연구가 많이 없지요. 그런데 아버님은 88년에 왜 노동운동을 선택하셨나요?

다영 아빠   그러니까 그 바로 전 해에 저기 뭐야 노동자대투쟁 [1987년 7~9월에 일어난 전국적 대파업 운동] 이 있었잖아요.

면담자   7, 8, 9월.

다영 아빠   근데 그거에 대해서 사실 엄청 충격을 많이 받았고, 그[전국 규모의 대규모 파업을 하는]거에 대해서, 저는 우리가 그 당시에 물론 우리 조직원들 중에서도 그쪽에 참여해서 이렇게 하고 같이 교류해서 하긴 했지만, 이제 그런 '폭발한 거에 대해서 일정하게 지원을 또 하고 그쪽이 더 이제 활성화시켜야 되겠다' 이런 생각을 했었던 거고, 그런 과정에서 6월 항쟁을 치른 거거든요. 6·29[민주화선언] 딱 선언 받고 나서 우리 운동권들이 이제 다 받은 것처럼 이렇게 그때 했었다고, 나는 '그게 아니다' 생각을 했던 것이고. '여기서 내가 할 일은 없다' 그 생각을 했다고.

그 당시에 이제 기독교운동 한 사람 중에서는 신학생들도 있었고, 그 사람들은 당연히 그냥 공부하러 가는 것이고, 또 뭐 그중에 이제 복잡하긴 한데 후보단일화파라든가 개헌조치파라든가 이렇게 있었고, 종로5가는 주로 후보단일화파들이 있고 그러면서 그쪽으로 정치 쪽으로 해서 많이 갔었고…. 그러다 보니까 내가 굳이 거기 있을 이유가 없잖아요. 그래서 '나는 이제 노동자 편에 서서 그냥 살겠다. 노동자와 함께 살겠다' 생각을 해서 안산으로 나는 내려온 거지.

면담자　　그럼 아버님도 학출[학생운동 출신]이라 불러도 되는 건가요?

다영 아빠　　그 당시에는 학출이라 그랬지.

면담자　　네, 그러니깐 현장 이전하신 분들.

다영 아빠　　그 당시에는 학출이라 그랬지.

면담자　　네. 아버님도 그러면 학출로서 생각을 하시고 오신 거예요?

다영 아빠　　위장취업을 했지, 와서. 그러니까 뭐 위장취업도 여러 가지가 있는데 나는 그냥 학력만 속이고, 학력만 누락시킨 거지. 해서 위장취업을 해서 거기 철연 노동자, 압연, 철연 노동자[강철을 롤로 압착해서 어떤 형상으로 만드는 일을 하는 노동자] 같은 쪽.

면담자　　그럼 안산에 오셔서 어떤 일을 하셨나요?

다영 아빠　　처음에는, 처음 와가지고 그 당시에 옛날 영등포산업선교회라든가 이렇게 해서 쭉 했던 우리 선배가 있어요. 송진섭 선배라고 현재 여기 초대 안산시장도 하고 그랬어요, 민선 시장도 하고. 안산에서 노동운동을 계속하신 분이에요. 그 전에는 장청 전국회장도 했고 EYC 회장도 하신 분이에요.

면담자　　　　그리고 산선[산업선교회] 운동도.

다영 아빠　　　하다가, 하다가 이제 산선에서도 일을 했고 그러다 안산에 와서 노동상담소 하시면서 쭉 노동운동을 하신 분이, 선배가 있어. 그분이 그때 이제 평민당 시절에 평민연[평화민주통일연구회], 평민연이라 그래서 23명인가 낙하산으로 해서, 재야 입당파 있잖아요, 그 시기에 그중에 한 분이야. 이해찬 선배라든가, 이해찬 선배 포함해 갖고 이제 23명 중에 송진섭 선배도 있었다고. 그분이 이제 여기 안산에 떨어졌다고. 그래서 처음에는 그분을 도왔지, 평민연[시절에]. 그걸 돕고 선거 끝난 다음에 나는 이제 반월공단에 위장취업을 했죠.

면담자　　　　반월공단으로 들어가신 거예요?

다영 아빠　　　반월공단으로 들어갔죠.

면담자　　　　반월공단이 그때에도 있었네요.

다영 아빠　　　있었죠, 반월공단이 84년도부터 있었으니까. (면담자 : 예) 그렇게 해서 거의 한 4년 정도 해서 거기 다녔고요. 그 당시 내가 들어간 사업장은 그 전년도에 노조를 만들었는데 위원장, 부위원장, 사무장을 해고시킨 상태에서 그분들이 이제 해고 싸움을 하고 있던 고런 시기였어요. 제가 거기 들어가 가지고 한 7개월 정도 지하활동을 했지. 그래서 이제 거기가 워낙 또 술이 센 사람들이라서, 철강 노동자들이 술이 세거든요, 7개월 동안 거의 매일 한 2, 3시까지 계속 술을 계속 먹고 만나서 얘기하고 이렇게 했죠.

면담자　　　그럼 반월에 들어가시기 전에는.

다영 아빠　　그것도 거기 조합원들이 안산만 있는 게 아니라 부평 부개동, 구로 이렇게 떨어져 있어요. [통근]차가 부개동 가는 게 있고 구로 가는 게 있어, 안산에도 있고. 이제 안산 사람들은 내가 다 안산 조직을 했는데 이쪽 구로라든가 이쪽 부평 갈라 그러면은 그 차를 타고 가면은 의심을 받으니까 안산에 내가 내리는 데 딱 내렸다가 다른 버스를 타고 부평까지 가서 거기서 만나서 술을 먹고, 또 밤에 또 다시 안산에 와갖고 그것도 두세 시까지 먹고 와서, 안산에 정시에 아무 일 없었던 것처럼 다시 그 통근차를 타고 딱 오고 이렇게 이제. 구로도 마찬가지야, 이런 식으로 이제.

면담자　　　밤마다 조직하러 돌아다니셨네요.

다영 아빠　　그걸 7개월 정도를 하니까 거의 조직이 돼가지고 89년도 2월 달에, 2월 처음에 이 반월공단에 처음으로 파업을 했죠. 안산에, 안산 임투[임금 협상 투쟁]를 선도 투쟁으로 이끌었죠 그때. 완전 승리했죠. 8일을 싸웠는데 퍼펙트로 이겼어요. 구사대[노동운동을 진압하기 위해 회사 측에서 고용한 사람들] 동원하고 뭐 다 이렇게 했었는데, 우리가 워낙 단결된 힘으로다가 똘똘 뭉쳐가지고 구사대 다 물리치고 사장이 결국 눈물 흘리고 와서 다 들어주고 이렇게, 완전히 승리했죠.

면담자　　　89년 2월에 반월공단 임금 협상 투쟁에서 승리하신 거예요?

다영 아빠　　　네. 그 당시에 그렇게 해서 완전히 승리하지 않으면은 위장취업 하고 이런 사람들은, 학출들은 다 그냥 깜빵 가고, 다, 무조건 깜빵이에요. 근데 나는 워낙 그게 완전히 이겨갖고 나[는] 해고도 안 당하고 당연히 구속도 안 당하고, 그냥 그대로 그 회사에 다녔죠. 그래서 완전히 승리를 했었지.

면담자　　　진짜 확실히 하셨나 보네요.

다영 아빠　　　확실히 그냥 아주 퍼펙트로, 그야말로. 그 당시에 내가 20대 후반이었는데 한 200여 명 됐거든요, 조합원이. 근데 평균 연령이 44세인가 그래요, 거의 우리 아버지뻘 이상도 많이 계셔. 근데 그런 분들도 알아서, 규찰대라 그러잖아요, 저 뒤에, 그 겨울에 2월 달 춥거든, 뒤에 쇠파이프 딱 들고 그 노인네들이, 우리 아버지 같은 분들이, 정년 얼마 안 남은 분들이 파이프 딱 들고 막 이렇게 규찰대를 다 지키는 거야. 규찰대가 뒤로 올라 그러면 막 그 노인네들이 다 지키고, 막 욕하면서 "어디 오냐"고 그러니까 애들이, 그 노인네까지 그러고 있으니까, 기겁을 해가지고 정문에 왔다가 결국은 손 들더라고.

면담자　　　근데 사실 당시 학출들이 조직 깨지면서 현장에서 쫓겨난 일도 많잖아요.

다영 아빠　　　거의 다, 다 그랬죠. 거의 다 그랬는데 나는 또 내가 기독교운동 더 많이 해보고, 기독교도 사실 보수적인 게 많잖아요. 거기서 이제 그런 것들을 많이 해봐서 내가 이제 좀 유하거든, 사람들 관계라든가 이런 게. 거기서 원만하게 잘됐던 것 같고, 그분들도 나를 또 귀여워해 주고 이러면서 서로가 이게 빨리 됐죠.

면담자　　　이 경험이 아버님 인생에서 큰 기억, 경험으로 남았겠네요.

다영 아빠　　그렇죠. 내가 또 경력도 있고 그래서 그런 쪽에 어떤 확실한 조직 경험이잖아요, 이게. 그런 것들이 성과물로 내 나름대론 이제 자신감이 있었고, 그 뒤로는 그런 대인관계라든가 그런 거에 대해서는 나름대로 엄청나게 자산이 됐죠. 그리고 그걸 더 연구하게 됐고, 그 뒤로도 어차피 내가 계속 그걸, 활동을 해야 되는 상황이니까. 나중에 내가 회사에 총무부 쪽에 내가 했었거든요. 총무부서장도 오래 했는데 거기서도 이제 조직인사, 노사관계 이것들 하는 데 상당히 도움이 많이 됐죠. 노사관계도, 이제 나는 노동운동가 출신이기 때문에, 이런 중소기업들 총무부서장을 하더라도, 사실 미조직된 사업장 같은 경우는 총무부서장들의 역할이 커요. 총무부서장이 어떤 입장에서 하느냐에 따라 다르거든.

면담자　　　사실상 다 쥐고 있죠.

다영 아빠　　그 당시에 이제 지역에서도 말이 많았지. "어떻게 운동하는 놈이 총무부서 하냐" 말은 하는데….

면담자　　　그런 얘기 들으셨을 거 같아요.

다영 아빠　　오히려 이제 그런 것들을 내가 적극적으로 더 풀었지. '어차피 먹고사는 것이구, 내가 소신껏 하면 되지 않냐' [하고 생각하면서] 실제로 보여줬고. 그 뒤에 사실은 내가 이제 노동조합 그만두고 노동단체에서 내가 일을 했었어요. 거기서 내가 경영 분석도 하고 [하면서], 특히 이제 여기가 안산 지역이, 이 안산노동, 전국노동운동[의] 역사가 돼 있어서, 노선 싸움이 그렇게 치열했던 곳이 여기예요. 안산, 마창[마산, 창원] 그러거든.

면담자   마창은 유명하죠.

다영 아빠   네. 마창하고 여기 선진노동자 그룹하고 PD파하고 엄청 했던 거고, NL파는 극소수밖에 안 되는 상황이거든요. 거기서 우리가 PD파, 여기서 안산에서도 우리가 말하자면 이제 선노[선진노동자 그룹]하고 할 때, 우리가 만약에 한 45면은 선노는 한 40 정도? 나머지 뭐 NL은 한 10 정도 이거밖에 안 됐다고 그 당시에 이 세력 분포가. '노동자의 집'에, 거기 실장이에요, 실장[을 할 정도로] 그렇게 박 터지게 그때 했었고, 전노협[전국노동조합협의회] 건설 투쟁도 했었고, 또 전노협 된 다음에 내가 이제 경기노련[경기노동조합연합] 안산지부협의회 조직실장이면서 내가 직접 경기노련 간사도 했다고. 그것도 우리가 파견한 사람 중에 사무처장도 있었지만, 나는 사람 안전, 조사통계 이쪽으로 해서 [일을 했었지요]. 그 당시만 해도 조사통계, 사람 안전[에는] 별로 관심이 없었거든. 그런 중요성들 내가 인식을 하면서 "그걸 내가 하겠다" 해서, 내가 이제 말하자면 여기 노동단체 책임자면서도 내가 거기 파견 갔고.

면담자   노동단체 상근자셨던 거죠?

다영 아빠   상근했죠, 상근. 우리 '노집[노동자의 집]' 일 하면서도 내가 거기 상근했다고.

면담자　　　　그럼 혹시 노동조합이나 단체에서 상근하다가 결혼하신 거예요? 아니면 정리하고 하셨나요?

다영 아빠　　상근할 때 결혼했지.

면담자　　　　상근할 때 결혼하신 거예요?

다영 아빠　　그때 이제, (면담자 : 결혼은 어떻게 하신 거예요?) 사업장 위장취업 해서 7개월 동안 조직을 해서 이제 89년도 초에 노동자 재건 투쟁을 했어요. 그때 이제 사실은 우리 다영이 엄마를 그때도 알았어요. 지역에서 알고 있었어요.

면담자　　　　그럼 어머님도 지역에서 활동하던 분이셨어요?

다영 아빠　　우리, 우리 다영이 엄마도 사실은 노동조합 간부였어요. 우리 마누라는 이제 노출[노동자 출신], 노출이지. (면담자 : 네) 그러니까 설명을 좀 드리면은, 그 당시는 지방에서 고등학교, 인문계나 이렇게 졸업할 예정이면은 이쪽에 뭐 주로 봉제 회사라든가 전자 회사 이쪽에서 그 학교하고 계약을 해가지고 아예 그냥 단체로 버스 보내갖고 단체로 그냥 막 싣고 오는 식이었어요. 그래서 우리 다영이 엄마도 목포의 여고 출신인데 집안 사정이 어려워서 진학을 못했어요. 공부를 하고 싶은 그런 사람인데 집에서 안 보내줘 갖고 못해서 결국은 이제 그 버스에 타고서 안산에 왔어요.

면담자　　　　다영 어머님은 목포 분이시네요.

다영 아빠　　안산에 와갖고 동일제봉사라고 거기 좀 다니다가, 그 다음에 이제 마라톤 타자기라고, 옛날에 타자기 있을 때 크로바 타자기하고 마라톤 타자기 두 개예요, 마라톤 타자기는 동아그룹의 동아정공이라고.

면담자　　네, 동아정공 기계 쪽 하는.

다영 아빠　　동아그룹에서 유일하게 제조업이 동아정공이에요. 거기에 한 400명 정도 되는 조직이에요, 거기가. 주로 이제 남자들 한 100명 정도 있고 여자들이 나머지 있는 그런 조직인데, 거기 우리 다영이 엄마가 거기 교육부장 출신이에요. 처음에는 이제 어용노조 비슷하게 있었는데, 거기 이제 민주노조로 바꾸면서 민주노조의 교육부장 출신이에요.

면담자　　그럼 원래부터 알고 계셨던 거예요?

다영 아빠　　그래서 이제, 그 전부터 알고 있었고, 그때는 같이 사귀고 있었죠. 사귀고 있었지, 내가 도둑놈이지 그러니까.

면담자　　나이 차이가 좀 있으신가 봐요.

다영 아빠　　어, 7살 차이예요. 그러니까 다영이 엄마는 이제, 다영이 엄마가 날 좋아하는 측면도 있어. 선배라고 "형, 형" 하면서 따라다니고, 나는 이제 철연 노동자니까 총각이고 그러니까, 사실은 그 당시에 내가 일당이 셌어요. 예를 들어서 내가, 나는 한 45만 원 정도 받으면은 그쪽 전자 쪽은 뭐 한 30만 원도 안 됐어요, 27만 원 정도? 그 친구들은 기숙사비 뭐 내고 그러면은 없어. 나는 이제 45만 원 정도 받으니까 고임금이에요.

면담자　　그렇죠.

다영 아빠   그러면 이제 술값 다 하고도, 술값도 뭐 그 당시에는…. 안산이 재밌는 게 그거야. 카드도 없고 차도 없고 이런 식이에요, 그때. 그러니까 가서 아무개 회사, 만약에 누가, (면담자 : 사원증?) 아니 사원증도 필요 없어. 그 식당 주인이 그중에 한 사람을 어디 다니는 것만 알면은, 만약에 선생님이 A라는 회사 다닌다 그럼 그 사람이 데리고 와. 그럼 이제 A 회사의, A 회사의 안경 [쓴 사람] 외 몇 명 이렇게 해서 그걸 치부책에 적어놔. 뭐 신분증도 필요 없어. 그냥 그 사람 믿고 안경, 아무개 회사의 안경 외 몇 명 그게 얼마 딱 적어놓으면은, 치부책에 적어놓으면은 우리도 그걸 기억하죠. 우리끼리 딱 뿐빠이[배분]니까 그때는. 그럼 또 적어놔. 그래서 월급 타고 돈 이것들 나중에 되면 다 갚어. 그다음 날부터 또 갚기 시작하는 거야. 그럼 삼겹살 이런 거 있잖아요, 감자탕이고 삽겹살이면은, 어디 회사 [이렇게] 적어놓으세요, 그러면 이제 내가 배명금속이니까 "배명금속 안경 외 몇 명 얼마" 딱 이렇게. 어떤 때는 이제 바빠서 월급은 탔는데 못 가. 그러면 이제, (면담자 : 회사로) 응. 그러면 이제 그다음 달 월급 타는 날 식당 주인들이 치부책 들고 와갖고 이렇게 보고 있다가, 안경 쓴 사람 나를 찾아갖고, 봉투에 노란 봉투 꺼내갖고 "얼마죠?" [하고] 딱 계산하고, 딱 주고…. 술집 들어가면서 딱 갚는 거야. "얼마죠?" [하고] "얼마" [그러면] 딱 갚구. 그러면 이제 월세만 딸랑 남는 거야.

면담자   지금 말씀하시는 게 다 반월공단 주변 얘기인거죠?

다영 아빠   지금 이제 반월공단. 안산에, 안산에.

면담자   그런 선술집 문화가 엄청 발달했었나 보네요?

다영 아빠   그 당시에는 네, 신용이에요, 신용. 그러면 그게 인간 사는 맛이야. 그냥 뭐 주민등록증도 필요 없어. 보여달란 얘기도 안 해. 그렇게 해서 다니는 게 그냥 신용이야. 또 그걸 떼먹지 않았어. 다 갚었어. 그만큼 우리가 다 순수했어요. 지금은 서로 못 믿잖아.

면담자   그럼 연애하실 때도 그런 식으로 많이 사주신 거예요?

다영 아빠   나도 서울에서, 나 서울에서 학교 다닐 때 막걸리 먹고 돈이 없어 갖고 가방도 맡기고 학생증도 맡기고 다 했잖아요. 근데 이 공단 도시는 순수한 거야. 그때 그 월급을 받으니까, 여기가 얼마나 이게 흥청망청이냐면은, 그 당시는 이제 라성호텔 그 주변하고 주택단지 거기만 주로 상권이에요. 중앙동도 없었고 상록수나 이런 게 없었어요.

면담자   네, 여기 주변에 별게 없었다고 하더라고요.

다영 아빠   유일하게 라성호텔 주변하고 주택단지였다고, 그때.

면담자   주택단지가 반월공단 주택단지 말씀하시는 거죠?

다영 아빠   네. 반월공단 고 앞에 안산역 앞에 거기[에] 우리가 주로 거기 많이 살았어요, 그리고 라성 앞에 연립 지하에 많이 살고. 근데 이제 라성호텔이 라성호텔 관광나이트가 있고 고 뒤에 이제 뭐 스탠드바 비슷하게 쭉 있었어요. 근데 그 사람들이 한 달 중에서 딱 9일 영업하고 나머지는 그냥 거의 매상이 없어요. 5일이 월급날[인데는] 5일 딱 월급 타면 5, 6, 7, 3일 딱 땡이고, 그다음에 이제 10일

[이면] 10, 11, 12, 딱 3일, 그담에 25일[이면] 25, 26, 27, 3일. 그러니까 여기 대부분 공단 사람들이 월급 타서 3일 동안에 거기 라성호텔 주변에다가 돈을 다 풀어요, 엄청나게 그냥. 거의 그니까 월급 때 되면은 고 근처 가면 웬만한 사람 다 만나. 그 정도로 그 주변 상권에서는 한 달 중에 9일 장사한다고 했어요. 그 정도였고, 나머지 우리 같은 사람들은 늘 수시로 이제 삼겹살을, 삼겹살, 감자탕을 찾아다니면서 걷고 다니는 거지, 계속.

면담자   그때 삼겹살하고 감자탕을 제일 많이 드셨나 봐요?

다영 아빠 그쵸. 삼겹살이 제일 아주 고급 안주였었고, 그거면 다 해결됐죠. 무조건 뿐빠이예요. 뭐 누구 내고 이런 거 없어, 알아서 딱 적으면은 그냥. 그래서 사전에 이제 회사 가서 총무 그런 비슷한 게 있어요, "야, 우리 먹은 거 그거 돈 내". 월급을 다 받는 사람도 있었고 [하지만], 그런 것도 아주 정겨운 그런 문화가 있었습니다. 그렇게 이제, 그러다 보니까 노동조합 재건 투쟁할 때도 자연스럽게 안산 사람들은 이게 자연스럽게 조직이 돼. 그중에 한 스물댓 명 정도 됐었는데, 하여튼 자연스럽게 모이고 이러니까 친해지고 하니까, 이제 서로 불만 얘기하고 그러니까, 형, 아우 이렇게 하잖아요. "아이 형이 반장인데 형이 그것 좀 해줘야지 왜 안 해줘" 그러면 "야 내가 무슨 힘이 있나, 직장인이 뭐" 어쩌고 그렇다 "회사가 이렇게 한다. 하, 진짜 별 새끼들 다 있네" 막 욕하면서 서로 이제 공감하고, "우리가 그거 언제까지 당하고 있어?" 슬쩍슬쩍 던지면서 이제 하나씩 이렇게 딱 해가지고 자연스럽게 "안산에 우리가, 안산에 친목회 하나 만들자" 해갖고 우리끼리 또 등산도 하고 이렇게 하면서….

면담자   친목회나 소그룹 중심으로 이렇게….

다영 아빠   네. 안산 사람들이 중심이 돼갖고, 부서가 쭉 있잖아 요. 그럼 이제 역할 분담 해갖고, "형은 이쪽이니까 형이 해서 이쪽 에 누가 취미 같으니까 몇 사람들 딱 해서 소주 한잔 먹게 해줘", "형 은 어디 해" [해가지고] 날짜를 잡지. "내가 오늘은 시간 안 되니까 거 기는 내일 하고, 여긴 내일 하고, 여기는 주말에 우리 어디 저기 관 악산이라도 가자" 이런 식으로 해서 쭉 해서 가는 거야.

면담자   영화 〈파업전야〉 보는 것 같은 느낌인데요?

다영 아빠   다 그렇지. 서로 이렇게 이런 식으로 해서 "형, 우리 절대로 우리 안 만난 거다. 나 지금 바로 안산 갈 거니까. 가고 내일 아침에 아무 아는 체하지 마" 그걸 태연스럽게, 거기서 이제 버스 타 고 이런 식으로 그런 지하조직 활동을 했죠. 그래서 7개월 딱 하니 까 완전히 퍼펙트로 다 조직이 되는 거죠. 딱 그래서 반장부터 시작 을 해서 딱 장악을 해가지고 파업 딱 때리니까 꼼짝 못 하지 뭐. 거 기가 스텐레스[스테인리스] 1차 제품인데 옛날 그 삼미특수강하고 동 일한 업종이에요. 삼미특수강은 대기업이고 여기는 이제 중소기업 인데 그 당시만 해도 생산 못 해서 못 팔아먹었다고. 식기도 전에 막 물로 막 식혀갖고 팔아먹고 막 이랬었거든. 그거 하면서 나도 이제 6개월 만에 내가 거기서 직선기 사수, 내가 사수였다고. 사장이 직 선기 그 기계 하나만 가지고 첨에 시작을 했었거든. 그거를 내가 이 제 사수가 됐지 거기.

면담자   그때 이미 기술자셨던 거네요.

다영 아빠   그쵸. 그때 내가 도사가 됐지.

면담자   그니까 고임금이셨던 거죠.

다영 아빠   나사 이런 거 있잖아요? 스패너가 이따만 해요, 이렇게 두꺼워. 그거 갖고 딱 잡고는 이렇게 끼익끽 안 해, 그냥 나사 딱 잡고 그냥 피시시식 돌리고, 풀 때는 또 드르르륵 감고. 그래서 좀 더 얘기를 하면은, 우리가 이제 디데이를 딱 정해놓고 할 때 어떻게 감을 잡아서 한단 얘기를 들은 거야. 그래서 뭐 노무부장이 내 옆에서 거의 있었[에], 상주했었어요. 근데 와갖고, 기름때 시커멓게 해가지고, 보니까 이거 돌리는 것도 막 쉬이이익 하고 막 딱 하는데, 이걸 할 사람 같지 않거든.

면담자   파업을 할까 봐 옆에서 이렇게.

다영 아빠   아니. 이제, 어떻게 해서 성립이 된 거지, 오늘 뭐 한다 얘길 들은 거야. 내가 요주의 인물이니까 이제. (면담자 : 네, 그러니까) 내 옆에 그 사람이 있었던 거야, 다른 사람은 다른 부서 가 있었고. 그 부장이 내 옆에 있었던 거예요. 나는 이제 점심 때 하기로 했는데 들키면 안 되잖아. 몸에는 다 플래카드하고 유인물 다 넣고 있고, 태연하게 그냥 더 이제 신나게 [일을] 하는 거야. 평상시에는 끽끽 이렇게 했는데 일부러 또 와 있으니까, 볼트도 이따만 한 볼트 있잖아요, 이거 그냥 따아아악, 이게 힘을 주되 표정은 웃어가면서 막 이렇게 하고 열심히 하니까, 옆에서 보고 있다 [노무부장이] "안 힘들어요?" 그러면 [나는] "아우, 재밌네요" [이러니까] 전혀 이제 모르는 거야. 그러니까 중간에 간 거야 거의 한 11시경에는.

면담자 　　　　모범 근로자로 위장을 하셨네요.

다영 아빠 　　　네, 아주 빨리 사수가 됐고. 그렇게 해갖고 이제 점심 먹으러 딱 가는데 벌써 예정이 돼 있으니까, 벌써 막 난리야. 난 밥 먹고서 하려고 했는데 밥 먹는 사람 옆에서, 옆에서 툭툭 치고 막 난리야. 그래서 '에라 모르겠다' 그래 갖고 밥통 그냥 삭 버리고서 이거 [플래카드] 들구서 그랬지. "아니 이게, 지금 내가 이거 버렸는데, 이거 밥을 사람이 먹으라고 주는 밥이냐" 그러면서 이제 식당 불만부터 시작을 해가지고 쭉 터트리면서 이제 했죠. 그러면서 '해고자 복직, 민주노조 인정' 이런 거 이제 쫙 하면서 발언부터 싹 해갖고 식당에 다 모여가지고 딱 했지.

면담자 　　　　그게 아까 말씀하신 경기노련이나 하시기 전에.

다영 아빠 　　　그쵸, 하기 전이죠.

면담자 　　　　상근하시기 전에 현장에서 계실 때.

다영 아빠 　　　그렇게 해서 89년도 2월 달에는 나는 이제 배명금속 교선부장으로서.

면담자 　　　　어디요?

다영 아빠 　　　배명금속 교선부장.

면담자 　　　　배명금속이요?

다영 아빠   네. 교선부장으로서 전노협, 전노협에서 가입했고, 그래서 내가 전노협 초대 대의원이에요, 회의는 한 번도 안 해봤지만. 그때 건설을 막았으니까, 그때 90년돈가 저쪽 성[균관]대에서 전노협 건설 그때 막 결성식 한다고 할 때 엄청 막았을 거예요. 그렇게 했었고, 90년도 제가 2월 달에 사업장에서 전신 화상을 입었어요, 산재 화상을.

면담자   네, 그것도 기사에 있더라고요.

다영 아빠   그래서 제가 한강성심병원에서 "죽는다" 그랬었어요. 그 당시에 그 병원에 강원대, 강원댄가 그 어디 여자애 분신해 가지고 그때 거기 있었다고. 그 시기에 나도 사업장에서 산재 화상을 입어갖고 "죽는다" 그랬었죠. 거의 1년 정도를 병원에 있었죠.

면담자   결혼하신 이후의 일인가요?

다영 아빠   아니요, 결혼 전이었고. 고 전에 다영이 엄마 사귀고 있었는데, 그래서 제가 몸이 다 망가졌기 때문에 다영이 엄마한테 가라 그랬지. 다행히도 이제 내가 그, 사업장은, 공장은 겨울에 무지하게 추워요, [그래서] 타이즈[타이츠] 입거든. 타이즈는 나일론이라서 불이 붙으니까 이 나일론이 딱 달라붙어 갖고, 그래서 여기 허벅지가 심해요. 여기 손도, 여기는 거의 회복이 됐잖아. (면담자 : 네) 이쪽에도 심하잖아요, 지금. 지금도 있다고. 이거는 멀쩡하게 긁어낸 거야. 난 그래도 깨끗하게 됐다고. 여기도 좀 있는데 이건 거의 다 나았잖아요. 나름대로 이제 한강성심병원에서 치료도 열심히 했고 재활치료도 열심히 해갖고 "이상 없다"고. 이것도 옛날엔 자르자 그랬었다고.

면담자   화상이 좀 심해지면.

다영 아빠   "썩는다"고 그래서 "걱정하지 마라. 내가 썩으면 내가 여기 자를 테니까. 운동해서 내가 할 테니까 그때 가서 다시 얘기하자" 해갖고 내가 고집부려서 안 자르고 해가지고 결국 살린 거여. 근데 워낙 심해 가지고 이게 좀 약간 꾸부러[져] 있잖아. 이쪽은, 이쪽은 이제 어느 정도 회복이 됐죠. 여기 이제 보면은 이렇게, 이게 다 살을 띤[면] 자국이라고. 이게 이제 이걸 떼서 여기다 [붙이고 한 거지].

면담자   허벅지에서 이식하려고.

다영 아빠   이식을 다 했다고. 그렇게 하고 한 1년 정도 병원에 있다가 다시 사업장에 복귀를 했는데, 압연 공장이 또 워낙 거칠어요. 먼지도 많고 막 이래서 이 피부가 이게 관리가 안 돼. 재발할 소지도 있고 그래서 그만뒀죠. 그만두고 이제 노동단체[에] 가입해[서], '노동자의 집' 그쪽에서 이제 상근을 했지. 간사로서 [활동]하면서 이제 노동조합 지원활동[을] 좀 했었고, 그때 이제 내가 경영 분석을 주로 했었어요. 노동조합이 바라본 경영 분석[을] 그때 이제 우리가 시작을 했죠, 내가. 그때 전노협도 마찬가지고, 내가 그쪽에 제안도 하고 그래서 같이 전노협하고 해서, 처음으로 우리나라에서 노동조합이 경영 분석 교육을 한 게 이제 최초예요, 그때는. 이제 교안도 만들고 사업장에 내가 교육하고 그래서, 그 당시에 이제 교육하면 5만 원씩 교육비 받으면은 '노동자의 집'[은] 그때 그거 가지고 우리 간사들 쌀 사고 이렇게 해 먹었지. 밥이야 뭐, 김치들은 조합원들이 갖다

주고 동태, 동태 한 마리에 1000원, 1000원하고, 그거 갖고 무 좀 사가지고 찌개 해가지고 밥하고 해서 주로 그거 많이 먹었지, 점심은 주로 사업장 가서 얻어먹고.

면담자   네. 교육을 많이 다니셨나 보네요, 그 당시에.

다영 아빠   왜냐면 이제 내가 책임자기 때문에 운영비를 내가 또 조달을 해와야 돼요. 친구들 만나갖구 후원도 조직해서 "야, 돈 좀 내놔" 해가지고 돈 좀 걷어서 주기, 받기도 하고 그래야 되는 거죠. 내가 있으면 내가 내 돈 꼴아박고, 또 없으면 내가 이제 가서 강의해야 또 거기서 교육비라도 받아서 이렇게 하니까…, 이제 그렇게 했었죠. 그렇게 하다가 이제 결혼을 했죠.

5
결혼 이후의 삶

면담자   결혼을 몇 년도에 하셨어요?

다영 아빠   91년도에 결혼했죠, 거기 '노동자의 집' 있을 때.

면담자   '노동자의 집'에 들어가고 얼마 있다가 하신 건가요?

다영 아빠   그렇죠. 거기서 결혼을 해가지고 애가 이제 92년 12월 생이니까, 애 낳고.

면담자   첫째가 92년, 둘째가 94년생?

다영 아빠   그래서 그 당시 아무래도 결혼을 하고 애 낳고서, 이제 애 밴 다음에 우리 마누라는 이제 회사를 그만두고 있었고, 뭐 그 당시 생활은 간간이 내가 이제 쉴 때 노가다[막노동] 해가지고 쌀도 사고 이렇게 했었는데, 애가 나오니까 경제적으로 어려움이 좀 있었죠.

면담자   돈 들어갈 데가 많죠.

다영 아빠   그랬었고 93년도에 소비에트 멸망하고 그 당시 이제 우리가 노선 변화를 했어요. 우리가 깃발 내렸죠. 깃발 내리고 "이제 시민운동으로 전환을 한다"[라고 결정을 했지요].

면담자   조직적인 결정이었죠?

다영 아빠   조직적으로, 우리 조직에서 조직적으로 해서 "우린 이제 깃발 내리고 경실련[경제정의실천시민연합] 운동을 한다" 이렇게 했어요. 그래 갖고 안산경실련을 그때 우리가 만들었지. 그래서 초기에는 안산경실련하고 이제 별도로, 안산노동자회, 경실련노동자회를 만들어가지고 같이 일정하게 했어요. 그때 제가 경실련노동자회, 안산노동자회 사무국장을 했었죠. 그리고 경실련 시민 파트도 일정하게 하고 노동조합은 계속 일정하게 유지됐죠. 왜냐믄 그 당시에 우리 여기 노동조합 대조직들은 다 우리 사람들이었어요. 특히 내가 이제 경련서 이런 거 쭉 하고 이러니까 주로 그런 큰 공장들이, 특히 민주노총이랑 큰 공장들 다 우리하고 같이 일을 많이 했어요.

면담자   말씀 중에 죄송한데 혹시 그 조직 이름이 뭔가요?

다영 아빠   '노활련'이라고 있어요. 우리 노활련 자체 집회에도

1000명이 넘게 모여, 신창전기라든가 아까 얘기한 동아정공, 서해공업 뭐 해가지고 우리 이제 관련 사업장들. 여기서는 그 당시에 한 400명 이상만 되도 대공장이다, 대공장이라 그랬거든요. 여기 대공장들은 우리가, 제가 다 관리를 하고 있었어요. 여기 안산은 특이하게 이제 300명 이상이면 다 대공장이라고 분류해 갖고 우리가 활동을 했다고. 그때 이제 대공장들이 다 우리 쪽이었어요. 그래서 대공장만 딱 모이면 엄청났죠. 사업장에서 안산까지 행진도 하고 그랬었습니다. 그게 이제 어떤 90년대 초까지의 안산 상황이었습니다.

면담자   그랬다가 결혼하시고 93년에 경실련 운동으로 전환되고.

다영 아빠   '노동자의 집' 그것을 해소하고 경실련 운동으로 전환을 했고, 그러면서 이제 자연스럽게 95년도부터 상근을 그만두고 노동자회를 해소하고, 그만두고 이제 취업을 했죠.

면담자   그때에 어디 취업하신 거예요?

다영 아빠   그때 저기 건약이라고 알죠? '건강사회를 위한 약사회'. (면담자 : 네) 거기 약사분이 의약품 유통업을 했었어요, 안산에서 약국 하면서. 그때 이제 내가 다른 분이 소개를 해가지고 거기 내가 총무과장으로 들어갔죠. 최초 내가 사회생활 한 게 총무과장부터 시작했어요. 건약 출신이니까 내가 솔직하게 다 할 수 있는 것이고, 조건이 맞았죠, 나도. 내가 총무과장 하기로 하고, 거기서 이제 실무적으로 내가 싹 다 배우고 익히고 해서…. 의약품 유통이라는 게 좀 복잡해요. 거기서 다양한 일들을 경험을 했고 거기서 이제 IMF 맞아

갖고 부도가 났어요.

면담자   97년에 부도났다는 게 그 회사예요?

다영 아빠   네. 거기가 부도가 300억이 넘었어요. 거기가 유통이, 의약품 유통에서는 경기도에서 2위예요. 1위가 그 김인영 의원인가? 인영약품이라고 수원에 국회의원이 있었다고. 그 사람이 이제 의약품 경기도에서 1위였고, 우리가 2위였다고.

면담자   원래 의약품 쪽은 외상 장부로 거래를 많이 하지요?

다영 아빠   그쵸, 주로 이제.

면담자   의약 유통 이쪽.

다영 아빠   100대 제약회사한테 약을 받아다가 보건소, 병원, 약국 이쪽에다 보내요. 그 당시에 엄청났죠, 매출이.

면담자   제가 아버님의 4·16 이전의 삶에 대해서 조사를 하다가 97년 회사 부도까지는 기사에서 찾아봤거든요.

다영 아빠   그래서 이제 98년도 부돈데, 이제 97년도 다영이 태어났단 말이에요. 그때가 내가 이제 한길약품이라고 거기 약품회사 다닐 때고, 그 중앙동에 있거든 지금 중앙동. 밑에 이제 최수미산부인과라고 거기 의원이 있어요. 내가 이제 그 위에서 근무하는지 알지. 거기서 이제 다영이 태어났고. 또 그다음에 부도가 나갖고 내가 그 뒤처리하느라고 이제.

면담자   되게 힘드셨겠네요.

다영 아빠   상황이 다영이 그때 이제 우유 먹이고 그럴 상황이었
어요. 그니까 다영이는 어떻게 보면, 정리를 하면 쭉, 도시로 와가지
고 내가 쭉 살고, 아버지 중동 가고 쭉 해가지고, 기독청년운동 하면
서 안산에 있다가, 아니 이쪽에 서울에 있다가 안산에 와서 노동운
동 하면서 그렇게 하다가 산재당하고 힘들고, 결혼을 하고 이제 회
사 들어와서 IMF 딱 올 때 부도나던 차에 다영이[가] 딱 태어난 거야.
그래 갖고 이제 다음에 부도나고서 어려웠죠, 그때. 그 시기부터 다
영이가 쭉 컸고, 그리고 그다음에 제2 금융위기가 2008년도 그때는,
내가 2007년도에 내가 창업을 했는데, 그때 내가 또 도산이 됐어요.
부도가 났어요, 내가 하다가.

면담자   그런데 혹시 죄송하지만.

다영 아빠   그때가, 2009년도 그때가 다영이가 초등학교 6학년이
라고. 걔가 그때 전교회장을 하는데 얘는 이제 이미 2008년도에 5학
년 때 전교부회장을 하고 있었고 다음에 회장을 하는데 1학기 때 하
냐 2학기에 하냐 자기가 조율을 하고 있었어. 그래서 1학기에 다른
친구한테 딜을 한 거야. "야, 내가 너 전교회장 밀어줄 테니까 2학기
에 나 하면 나 밀어주라" 이렇게 딜을 해가지고 [하려고 했는데], 아이
고, 2학기 때 얘가 돼야 되는 건데 내가 이제 어려워서, 그때 제2 금
융위기 때 부도가 나가지고, 그럴 때 하냐 마냐 할 때 내가 "그냥 하
라" 그랬다고, 어려운 시기에. 근데 얘가 사전에 다 조직을 다 지가
해놔 가지고 된 거예요. 원래 초등학교 학생회장은 절반은 부모 입
김이거든. 부모가 평상시에 얼마나 학교 활동을 잘하고 돈을 많이

주냐에 따라서 선생들이 막 도와주고 하거든. 근데 애는 자발적으로 자기가 다 조직을 했어요. 동네 선후배부터 시작해 갖고 그동안의 인맥을 통해서 다 조직을 해서 직선 회장이 딱 된 거 아냐, 애가.

그때 내가 내 삶은 어려웠고, 그런 과정들이 3, 4년 쭉 왔던 거예요. 그래서 중학교 때는 어려웠고, 어려움에도 불구하고 나는 애들한테 그런 상처를 주지 않기 위해서 더 아이들한테 관심 갖고 대화 많이 하고 이런 식이었어요. 중간에 집도 경매로 날아가고 집에 막 딱지 붙이고 이런 상황이었다고. 그런 것도 내가 다행히도, 내가 그런 총무 일을 많이 했기 때문에, 잘 알기 때문에 큰 표시 안 나게, 애들 학교 갈 때 오라 그래서 하구, 딱지도 "표시 안 나게 뒤에다 붙이라" 그러구, 다 했다고 내가. 그렇게 해서 아이들한테는 큰 충격 없이, 오히려 더 그때는 날일[날삯을 받고 하는 일] 해가면서 그때그때 먹는 시기였어도, 아이들한테는 돈 더 주고, 다영이나 아이들한테는 더 나가서 손 붙잡고 막 데리고 다니면서 얘기도 많이 하구, 이제 아이들한테 그야말로 한창 자라던 아이기 때문에 충격 없이 원만하게 자라길 바라서 그렇게 했다고. 큰애가, 큰애가 고1 때였었고, 다영이 그때 그런 시기였으니까, 고런 시기를 쭉 오다가 이제 한 4, 5년 지나면서 어느 정도 회복이 되고 이제 좀 살 만하고 이런 상황에서 딱 이런 참사가 터진 거야, 그래서….

면담자   참사 직전에는 원래 회사에 다니실 무렵인 거죠?

다영 아빠   그것도 이제 좀 우여곡절이 있죠.

면담자   작년 10월에 또 그만두신 걸로 알고 있는데….

다영 아빠 　그니까 그 저기 뭐야 IMF 이후에 좀 더 설명을 드리면은, (면담자 : 네, 네) 부도나고 내가 총무과장이었으니까, 총무부장 없는 과장이었으니까 내가 이제 적극적인 지배인이었어요. 그래서 나머지를 다 정리를 하느라고 한 1년 반 정도 했었고, 그 뒤로 2000년도에 반월공단에 취업을 했어요. 잠깐 횡성에 가서 막걸리 사업 한다고 좀, 저 친구 형님 자본으로 좀 하다가 인허가 땜에 안 돼가지고 이제 다시 복귀해서, 2000년도 초에 시화공단에 내가 취업을 했다고. 취업을 해가지고 거기서 총무부서장으로 근무를 하다가 2007년도에 회사를 차리고, 거기서 2009년도 초에 도산을 했고, 그렇게 쭉….

　　그러면서, 도산하면서 이제 경매가, 회사가 좀 그러다 보니까 경매에 집이 들어가 갖고 다 이제 경매에 집행이 됐죠. 지금 사는 데는 그 당시에 다영이, 아니 다영이 아니라 우리 큰애, 큰애 초등학교 1학년 때 그 학부형. 제가 다음에 좀 얘기할 텐데 우리 아이들 아파트에서 공동체로 같이 품앗이 과외 비슷하게 해서, 옆에 통로 이렇게 해서 100여 명, 100여 가족이 같이 이렇게 애들을 키웠어요.

면담자 　원래 사시던 아파트는 어디인가요.

다영 아빠 　11단지.

면담자 　11단지요?

다영 아빠 　네, 선부동 11단지. 화랑유원지 옆에 저, 저층 있어요. (면담자 : 네) 그건 뭐 다음에 얘기하고…. 그때 그 학부형이, 우리 집 비우고 쫓겨나게 되는 상황에서 자기 집이 비어 있으니까 오라 해갖고 거기서 무상으로 해준 거예요, 임대를. 그래서 지금 살고 있는 데가 거기라고. 그렇게 해서 다영이도 거기서 사는 바람에 아이들한테 충격 없이 원만하게 했었어요, 고런 상황들이 됐었고…. 다영이는 그야말로 IMF, 제2 금융위기 두 가지 겪으면서 아주 어려운, 아주 어려운 환경 속에서도 자신이 꿋꿋하게 그렇게 했었고…. 나도 이제 그런 과정에서 노동운동 하다가 그 뒤로 경실련 시민운동 쪽 하면서 직장생활을 했던 것이죠. 그러다가 제2금융위기 때 2009년도 초에 쫄딱 망하고, 그러고서는 이제 계속 바뀌었죠.

PCB[인쇄회로기판], 저기 뭐야, 비전 영업하는 회사에서 후배가 하기 땜에 거기 좀, 거기 도왔다가, 저 영흥도에 발전소 가서 또 일용직으로 한 6개월 동안 거기서 석탄 뒤집어써 가면서 영흥도 화력 발전소 가서 그것도 해보고, 나와서 저기 저 압구정동 가서 인테리어, 인테리어 사업도 선배가 또 같이하자 그래서 거기서 일을 했었어요. 하다가 반월공단에 PCB 회사에 들어와서 총괄본부장을 내가 또 하다가, 또 반월 직전에는 그만두고 공부 좀 할라고…. 왜냐면 이 총괄본부장 하고 이러면은 일이 바뻐요. 자기 [생활]할 시간이 없어. 그래서 공부 좀 한다 해갖고, 내가 주야간 뛰는 회사로 내가 바로 직전에 다녔었어요. 거기 주야간 뛰면은 시간이 많아요. 그래 가지고 거기서 경영지도사 공부를 했었어요. 그리하고 [경영지도사 시험] 2차가 작년 8월 달에 있었는데, 거의 2차 준비 막바지에 참사가 나갖고 내가 접었죠.

그거 했으면 이제 경영컨설팅, 경영지도사가 공인회계사하고 동급이에요. 공인회계사가 그쪽 세무대행이나 이런 거 한다 그러면,

이제 경영지도사는 기업진단 그리고 마케팅, 품질관리 해서 컨설팅을 주로 이렇게 하는 저거거든. 그래서 지금도 원래 내가 ISO[국제표준화기구] 심사원도 내가 자격이 있어요. 이건 ISO 심사하고 경영컨설팅을 주로 하려고 했었는데, 그 경영지도사가 되지를 못했고…. 그 공부를 하는 이유도, 우리 다영이라든가 우리 아이들이, 나는 이제 공부를 하라고 말을 안 하고, 우리 다영이 엄마랑 나랑은 직접 우리가 공부를 하면서 보여줬어요. '이 아빠가 50이 넘어도 이렇게 이런 거 도전한다' 보여주면서 계속 공부를 하니까 얘들은 찍소리 안 하고, 공부를 안 할 수가 없지. 이런 것들을 우리는 몸으로 계속 보여줬던 거거든요.

그렇게 해서 "비록 우리가 경제적으로는 계속 우여곡절 많고 어렵고 그렇게 해도, 이 소박한 행복을 찾고 서로가 가족끼리 서로가 이렇게 대화하고 같이 다니고 이런 게 얼마나 좋냐", 그런 소중함들을 사실 우리 다영이하고 얘기를 좀 많이 했어요. 또 같이 공원도 많이 거닐고 그런 얘기도 많이 하고, 때에 따라선 피자집에 가서 둘이 이제 같이 피자 먹으면서 얘기도 하고…. 서로 얘기가 '가난은 다소 좀 불편하더라도 우리가 가족끼리 서로 화목하고 하면은 그것도 엄청난 큰 행복이다', 이런 생각을 하면서 우리 다영이 같은 경우도 "아빠가 자랑스럽고 아빠가, 이후에 자기가 남편감도 아빠 같은 그런 사람을 하겠다" 했었어요. 그 정도로 아빠를 좋아했고 아빠랑 대화하기를 좋아했었다고. 그래서 나름대로 나는 내가 과거에 운동하고 이런 것들을 애들한테 노골적으로 얘긴 안 했지만 사극을 보거나 이렇게 하면서 계속 그런 얘기들을 많이 했었고, 그중에서 우리 아들, 우리 자식들 중에서는 다영이하고 제일 교감이 잘 됐고 잘 통했고 잘 따랐던 우리 다영이였다고. 지금은 이제 그런 대화도 할 수 있는 사람이 없어진 거예요. 〈비공개〉

면담자　　　그런데 궁금한 게요, 아들들 얘기를 많이 안 하셔서요. 딸 바보가 어쩔 수 없이 되는 건지 아니면.

다영 아빠　　왜냐면 이제 아들들은 초등학교 때까지는 같이 다녀요, 같이 등산도 다니고. 내가 산악회를 다니니까 내가 한 달에 한 번씩 산악회 가거든요. 애들 꼭 데리고 가요. 애들 따라오구 "좋다" 그러구, 막 해. 근데 중학교 1학년 2학기 딱 되면은요, 그때는….

면담자　　　사춘기가 오는 거네요.

다영 아빠　　사춘기 오면서 친구, 또래로 가는 거예요.

면담자　　　그렇죠.

다영 아빠　　〈비공개〉 근데 딸은 그게 아니야. 딸은 일상적으로 계속 이게 관계가 돼. 우리 아들들은 이제는 쫌 크니까 지금은 쫌 대화가 돼 이제.

면담자　　　아들들이 군대 가고 그러면 아버님 마음도….

다영 아빠　　네, 그죠. 군대 가면서 이제 좀 풀어주고 하면서 뭔가 부모를 느끼고 그때부터 대화가 돼. 〈비공개〉 그니까 그런 면에서 볼 때는 여자아이들은 어렸을 때부터 계속 관계가 단절이 안 되고 쭉 이어져요. 그러니까 더 애착이 가는 거고, 부모들은 진짜 그 아이를 좋아할 수밖에 없어요. 그런 것이 어느 날 딱 끊긴다 그럼 인생이 의

미가 없어지는 거고 목표가 없어지는 거예요. 걔한테 뭐 좀 더 잘해
주고 싶고 뭐 꺼내서 이렇게 해주고 싶고 이런 거. 걔하고 얘기하면
서 막 서로 티격태격 얘기하고 공원 데리고 나가서 그냥 쫑알쫑알
수다 떠는 거, 이런 것들이 그냥 그 자체가 소박한 행복인데 그런 게
이제 싹 없어진 거지.

그동안에 내가, 나도 부도나고 망하고 계속 우여곡절이 있었고,
노가다 하고 막 이런 과정도 많이 있었고, 그런 속에서도 진짜 뭐 불
행하다거나 이런 생각을 안 했어요, 진짜로. 아이들이 커가고 '애들
이 나중에 열심히 잘할 것이다. 건강하게 잘 자라준다' [이런 게] 고맙
잖아요. 그 힘으로 그냥 사는 거야. 근데 다소 뭐 돈이 없어 가지고
어떤 때는 때로는 세금도 못 내고, 애들한테 더 해주고 싶어도 못 하
고 그런 안타까움은 있지만, 그냥 비싼 건 아니어도 얼마든지 우리
가 재미있게 행복을 누리면서 살 수가 있드라고. 하다못해 차에다가
빵에다 라면 넣고 가서, 뭐 구반월 이런 데 가서요, 그냥 들판에 가
서 쑥, 냉이 캐면서, 옆에서 배고프면 라면도 끓여 먹구, 젓가락 안
가져가면 나무 뽑고 그래서 같이 먹고 이런 거…. 애들은 오히려 더
비싼 데 가서 사주는 거보다 그런 걸 더 좋아했거든. 고깃집 가서 먹
으면 그냥 고기만 좀 먹고 나가버리면 땡인데 거기서 라면 먹고 이
렇게 하면은 히히덕거리고 서로 농담도 하고 재밌게, 오히려 그런
곳을 더 좋아했다고.

면담자 　　　자녀분들이 착하네요, 진짜.

다영 아빠 　　　네. 그래서 진짜 아이들이 그런, 다영이도 부모들 그

런 마음 알아주고 오히려 부모를 격려하고 위로하면서 그렇게 좀 재밌게 살고, 주말 어쩌다 하면은 "아빠 주말인데 통닭 시켜 먹어야죠", "어어, 야, 시켜 시켜. 야, 그 시키는 김에 맥주 좀 시켜라" 그래 갖고 같이 통닭 먹어가면서 또 얘기하고 그런 거. 그거는 돈이 없어도 되는 그런 거란 말이에요. 늘 그래서 우리는 어쩌다 식구들 모이면은 "아빠" 딱 그러면 "어어, 그래그래. 야, 뭐 피자 먹을래, 치킨 먹을래? 먹고 싶은 거 뭐냐? 막 시켜" 그래 가지고 먹구, 이렇게 했던 것이 지금 생각하면 진짜 엄청나게 행복이었다 [싶어요]. 그 자체, 일주일에 한 번이고 두 번이고 그렇게 하면서 그동안에 서로 가족 간에 서운했던 것도 다 해소되고 막 이런 상황들, 그것이 다 이제 그런 식으로 날리고 이런 상황인데, 이제는 그 가정에서 중심에 섰던 그 아이가 없는 이런 관계에서는 이게 다 이제 안 되는 거야.

면담자 　 다영이가 오빠들하고는 관계가 좀 어땠어요?

다영 아빠 　 엄청 좋았어요.

면담자 　 오빠 둘 다 친했어요?

다영 아빠 　 네, 네.

면담자 　 다영이가 오빠들을 잘 따랐나 보네요.

다영 아빠 　 특히 이제 둘째 애는 다영이 밥이었구.

면담자 　 그게 오빠들이랑 친해도 막 싸우면서 친한 애들이 있고 잘 따르면서 친한 애들이 있잖아요.

다영 아빠 　 이제 큰애들은 쫌 고지식해 가지고, 뭐라 그럴까, 막 따르거든요. 약간 좀 무서워하고 피하면서도 서로가 관계가 좋으니까. 예를 들어서 이제 큰애는 군대에서 걔가 돈을 한 푼도 헛되게 안써. 월급 탄 거 뭐 한 십 얼마 받는 걸로 알고 있는데 그거 받아갖고 휴가 나오면은 다영이랑, "야, 다영아 가자" 해갖고 둘이 홍대에 가갖고 다영이 신발 사주고 옷 사 입히고 이렇게 와요. 그래서 얘가 동생한테 다 해줘. 그니까 겉으로는 그냥 무뚝뚝하게 해도 그거 다 모아놨다가 "야, 다영아 가자" 그래 갖고 가서 홍대 이런 데 쭉 둘러보고 옷 사주고 이렇게 한다니까.

둘째 애도 알바해 가지고 다영이 방수 시계 사주고 그랬던 거야. 나중에 사고 나고, 그래서 걔는 꼭 그 시계 차고 다녔거든, 사고 때도 보니까 그거 차 있더라고. 그 정도로 서로가 형제간에 우애도 좋고, 다영이가 또 이렇게 활용도 많이 하고 오빠들을. 그래서 귀여움도 많이 받고, 심지어는 오빠들 막 귀도 다 후벼주고 손도 닦아주고 그래요.

면담자   저는 그걸 책에서 봤는데 여동생들이 사실 그렇게 해주기가 쉽지가 않은데….

다영 아빠   그러니까요, 귀도 후벼주고 막. 그리고 다영이는 아빠 옷도 막 지가 터프하게 입고 다니고 그랬어요. 아빠 옷도 턱 입고 자전거 타고 다니고, 애가 그런 건 형식을 안 가리고 터프했어요. 그러면서도 그냥 모든 걸 다….

면담자   '활동적이었다'라는 얘기를 많이 들었어요.

다영 아빠   네. 마당발이기도 하고 그런 거 쫌 형식도 안 가리고,

그러면서도 상당히 좀 생각도 깊고 이런 아이였죠.

면담자   사실 오늘 인터뷰에서 다영이가 어떤 아이였는지, 수학여행까지 진행하려고 했는데요. 이 부분 이야기가 참 많으실 거 같아요. 그래서 차라리 다음에 뵐 때에 다영이 이야기랑 팽목항 얘기를 해주시는 게 어떨까 싶어요. 괜찮으세요?

다영 아빠   그러시죠. 그렇게 하시죠.

면담자   다영이 얘기를 잠깐 하기에는 너무 많을 거 같아서요.

다영 아빠   그래서 이제 오늘은 어쨌든 제 얘기를 주로 많이 하는 거고.

면담자   네, 맞습니다.

다영 아빠   저는 이제 제가 고등학교 때 광주 사태에 대한 잔혹상을 보고 제 인생이, 인생이 달라졌거든요. 사회에 나가서 그러면서 이제 운동을 좀 하게 됐고, 안산에 와서 이제 이걸 하다 참사를 당했잖아요. 거의 한 30년 정도 해갖고 다시 이제, 이제는 활동가가 아니라 참사의 주인공이 돼가지고 다시 이제 거리에 나와 있는데, 그 부분은 참 세상이 변한 것도 없고 오히려 더 구조적으로….

면담자   이건 저희가 가늠하기 힘든 거…, 참사를 계기로 생활인으로 다시 돌아가는 게 쉽지 않은데요.

다영 아빠   그러니까요. 착잡하고 해서 한편으로는 '아, 내가 그냥 더 치열하게 싸우고 살지 못해가지고 결국은 우리 새끼를 잃었다' 이런 생각도 들지만, 또 '그동안에 우리 사회가 너무나 안일하게 사람들이 살고 있다' 생각을 많이 해요. 막상 이제 이렇게 새끼 잃고 나와서 거리에 나와보니까 청년 학생 조직이 없어졌잖아요. (면담자 : 없죠) 옛날에는 그래도 청년 학생 조직이 있었잖아, 지금은 이제 없고. 또 전국에 다니다 보면은 다 옛날에 같이 활동했던 분들 많이 만나요. 다 노쇠화돼 있다고. 노쇠화돼 있고, 운동이 다 이제 극소수의 활동가 중심으로 해서 회원도 없는 단체, 조직이 없는, 간부만 있는 이런, 이런 거. 상당히 좀 이렇게 일정하게 제도권에 가깝게 돼 있는 이런, 그런 문화드라고 문화가. 그래서 '어렵겠다' 생각을 좀 많이 했었구요. 그래서 지금도 마찬가지지만 '더 준비해서, 우리가 가족이 중심이 돼서 싸우지 않으면 안 된다' 저는 그런 생각을 해요.

면담자   '어렵겠다'는 생각을 하시면서도, '싸우지 않으면 안 된다'고 보시는 건데요, 그렇다면 아버님이 오래 해오셨던, 교회 특히 작은 교회를 중심으로 하는 뭔가의 새로운 시도 같은 데에서 희망적인 미래를 그려볼 수 있을까요?

다영 아빠   찾아야죠.

면담자   아버님의 말씀 속에서, 희망을 보려는 노력, 찾으려는 노력이 많이 느껴졌거든요.

다영 아빠   지금 이제 저희 가족들이 지금 현재 한 140가족 이상이 지금 현재 국가소송으로 가요. 그래서 이제 소송을 통해서 싸울 거고, 그중에서 저는 최소한 50가족 이상들은 계속 끝까지 싸울 것이다 생각을 해요. 그 점도 희망이고, 그다음에 또 한 가지는 이제 아까 얘기했던 현재 운동이 그런 [안 좋은] 조건이지만, 이 세월호 통해서 각 지역에서 풀뿌리 모임들이 꾸준하게 서명을 하든가 피켓을 잡거나 계속하면서, 지역의 100여 군데가 지금 정기적으로 계속 그걸 하고 있어요. 하고 있구, 또 작은 교회, 작은 교회라든가 그다음에 마을 공동체들이 많아요, 지금 전국에. 그런 풀뿌리 모임들이 엄청나게 많구, 그분들이 '이런 세월호, 이번 세월호 사건만큼은 절대로 잊지 않고 기억하고 싸우겠다' 그리고, '이런 세월호 참사가 우리 사회에서 가장 우선적으로 해결할 과제다. 거기 다 함축돼 있다' 이런 생각을 다 해요. 지금도 이제 전국적으로 다 하고 있어요.

그래서, 물론 그분들 힘이 많이 빠져 있지만, 그분들 힘이 빠진 것을 우리 가족들이 가서 보태주고, 서로 연대를 해가지고 계속 이렇게 같이 다니면서 하나로 만드는 거죠. '그렇게 해서 계속 그걸 유지만 하고 있으면은, 전국 곳곳에서 촛불만 계속 키고만 있다 그러면은, 일정한 어느 시기가 돼서 국면이 바뀌면은 그땐 다시 우리가 폭발해 가지고 힘을 모을 수 있는 계기는 반드시 온다', 저는 '그것이 희망이다' 생각을 하고, 우리가 할 일은 그거라는 거죠. 일상적으로 그래서 '전국에 비록 한두 명이 모여도 계속 찾아가고 연대하고 같이 피켓 들고 같이해야 된다'[고 생각해요]. 얼마 전에도 제가 제주도에 딱 두 분이에요, 두 분이 똑같은 장소에서 이거 피켓 들고 서명해요, 거기 가갖고 같이했습니다. 제주도까지 가서 하고, "서로 연대하면서 필요한 거 서로 나누고 하자"고 했어요. 비록 제주도도, 제주도 두 명이 하더라도 가요, 갑니다. 전국 어디, 어디도 가요.

지금도 이제 뭐 우리가 곳곳에 파악한 곳이 전국에 한 100여 군데 돼요. 그리고 이제 소모임으로 해서 이렇게 하는 데가 많습니다.

저는 주로 제가 다니는 곳은 그런 사람들을 주로 찾아다니면서 이렇게 하는 것이고, 전에 내가 기독교운동을 했기 때문에 우리 선후배들이 전국에서 그런 작은 교회들을 하고 있어요. '그런 데를 찾아가서 계속 만나고 조직하고 같이 서로 연대하면서 서로가 힘을 모으고 네트워크를 쭉 형성해 놓는 것, 이것도 필요하다'[고 생각을 하고 있습니다].

면담자   그럼 어쨌든 아버님의 젊으셨을 때 경험들이 지금 여러 활동이나 전망에 분명히 큰 영향을 주고 있는 거네요.

다영 아빠   경험, 경험하고 또 제가 살아온 게 그게 전부 다죠. 그건 '반드시 조직 활동을 해야 된다. 그리고 일상적으로 목적의식적으로 움직여야 된다' 이런 것들은 기본적으로 이게 몸에 배 있기 때문에 늘 하는 것이고, '그렇게 하는 것이 곧 희망이다', '또 다양한 사람들을 만날 수가 있고 실제로 각 지역에서 움직이고 있다' 그런 것들을 확인하는 순간 그게 힘이 되는 것이고 더 지치지 않고 다니는 것이죠.

면담자   하고 싶으신 얘기는 정말 많으실 텐데요. 오늘은 여기까지 하고 다음 인터뷰 때 못다 한 이야기를 또 여쭤보겠습니다.

다영 아빠   그러시죠.

면담자   네. 오늘 너무 감사합니다.

다영 아빠   수고하셨습니다.

2회차

2015년 9월 23일

1   시작 인사말

2   참사 초기 진도에서의 상황

3   다영이의 장례 과정

4   참사 이후 1년 반의 싸움

5   참사 이후의 싸움이 삶에 미친 영향

1
시작 인사말

면담자　　　　본 구술증언은 4·16 사건에 대한 참여자들의 경험과 기억을 기록으로 남김으로써 이후 진상 규명 및 역사 기술에 기여하고자 합니다. 지금부터 김현동 씨의 증언을 시작하겠습니다. 오늘은 2015년 9월 23일이며, 장소는 안산시 단원구 글로벌다문화센터입니다. 면담자는 임광순이며, 촬영자는 이정수입니다.

2
참사 초기 진도에서의 상황

면담자　　　　아버님, 오늘 2차 인터뷰에 이렇게 응해주셔서 감사합니다.

다영 아빠　　　아, 네, 고맙습니다.

면담자　　　　2차 인터뷰는 진도 내려가시기까지의 상황과 진도에서의 이야기를 중심으로 여쭤보려고 합니다. 4월 16일에 사고 소식을 어떻게 들으셨는지부터 말씀해 주시면 될 거 같아요.

다영 아빠　　　네. 그 사고 당일 날 아침에, 그 전에부터 얘기를 하면, 그 전날 다영이한테 카톡을 했어요, 다영이하고. '안개가 많이 껴가지고 지금 출항이 늦어지고 있다' 그렇게 카톡하다가 좀 있으니까 '이제 배에 들어왔고 우선 밥을 먹고 대기 중에 있다' 이렇게 얘기하더라고요. 그렇게 하면서 좀 있다 한 9시경 됐는데 '이제 출항한다고 방송이 됐다'고 아주 좋아하더라고요, [다영이는] 들떠 있었고 그야말로. 그니까 2003년도부터 우리 사회가 사스[SARS]라든가 뭐 조류독감 해가지고, 그런 전염병들이 많이 돌아가지고 애들은 진짜 그야말로 제대로 된 소풍이라든가 제대로 된 수학여행을 한 번도 가본적이 없어요. 그래서 이번에 고2 돼가지고 그야말로 좀 제대로 된 큰 배를 타고 저 멀리 제주도까지 아주, 제주도도 한 번도 안 가봤거든요. 아주 좋아했고 꿈에 부풀어 있었어요.

그래서 단원고 각 반별로 해서 장기자랑이 있었던 모양인데 그거 준비하느라고 같이 단체로 춤추는 연습을 많이 했어요. 그래서 여기 [안산]올림픽기념관에서, 거기 벽에 대형 거울이 있거든요, 그거 보고 서로 이렇게 맞추는 그 연습을 오래 했고. 애들이 엄청나게 꿈에 부풀어 있었던 거죠. 그랬는데 "안개가 껴가지고 출항을 못 한다" 그러니까 상당히 막 섭섭해했고, 그래서 저도 그때 "걱정하지 마라. 뭐 곧 안개가 걷히면은 곧 출항하지 않겠냐" 그렇게 했었고. 걔들은 이것이 "만약에 이번에 이제 안개가 껴서 못 가면은 수학여행이 취소가 된다"고 그렇게 얘기 들었나 봐요. 그래서 취소가 안 되길 바랐고 그랬던 거 같아요. 그러다가 "9시경에 출항한다"고 그러니까 너무 좋아 가지고 주희랑 교대로 사진을 보냈더라고요. 나한테 보낼 때는 다영이가 앞에 서고 주희가 뒤에 있고, 주희한테 보낼 때는, 주희 엄마한테 보낼 때는 이제 주희가 앞에 있고 다영이가 뒤에 있고 이런 식으로 해서….

면담자   그 배 안에서요?

다영 아빠　네. 배 안에서 자기 얼굴 모습을 그렇게 보냈, 보냈더라고요. 그렇게 해서 잘 다녀오라고 그렇게 했었던 거고, 다음 날 아침에 사무실에서 9시 좀 넘었을 거예요, 컴퓨터를 딱 켰는데, 인터넷 켰는데 거기에 "진도, 진도 인근 바다에서 배가 지금 침몰 중"이라고 얘기를 하더라고요, 그때. 탁 보는 순간에, 다영이가 지금 그쪽에 지금, 그쪽쯤 지나갈 시간인데 딱 그러면서 이제 계속 봤었죠, 걱정도 많이 됐고. 그래서 '분명 이거 다영이 관련된 것 같다' 그렇게 주시를 했는데, 실시간으로 계속 뜨더라고요. 그래서 "몇 명 구조됐고, 구조됐고" 이렇게 하다가 "단원고등학교 교사 학생 전원 다 구조" 또 이렇게 딱 뜨더라고요.

면담자　그럼 딱 보시고 다영이가 탄 배라고 아셨던 거예요?

다영 아빠　느낌이…. 그때는 단원고란 얘기 없었어요, 진도 지나가던 배가 침몰 중이라는 얘기 있었고. 아, 느낌이 '다영이 그 시간 지나갈 땐데' 하고서 눈여겨봤더니 좀 있다가 이제 단원고 얘기도 나오고 막 그러더라고요. 그래 가지고 그거 보면서 다영이 엄마도 회사에 있었으니까 연락해서 빨리 오라고 그렇게 해서 연락해 놓고서 계속 주시하고 봤었던 거죠. 보고서 "전원 구조"란 얘기 나오더라고요. 그래서 부랴부랴 집에 와가지고 다영이 엄마랑 이제 "걱정하지 마라. 다 구조됐다" 그러니까 애가 "얼마나 놀랐겠냐. 가서 따뜻하게 밥도 좀 사주고 데리고 오자" 이렇게 해서 큰마음 없이 아주 편한 마음으로 갔었어요.

면담자　어머님이랑 두 분이서 내려가신 거죠?

| 다영 아빠 | 같이 내려갔죠. |
| 면담자 | 다른 가족들도 같이 내려가신 거예요? |

다영 아빠   둘이만 우선 내려갔어요, 둘이. 저기 첨에는 저기다가 차를 가져가려고 하다가, "혹시나 학교에 가면은 또 차가 있을지도 모르겠다" 그래 가지고 학교에 갔죠. 학교에 가서 보니까 사람들 많이 와 있었고, 뭐 그때도 막 우왕좌왕하고 그러더라고요. 그러면서 학교에서 차를 대줘 가지고 그 관광버스 타고서 내려갔죠. 내려가는 과정에서도 뭐 사실 덤덤했어요. '얘가 얼마나 놀랐겠냐' 그런 생각밖에 없었어요, 다 구조됐다 그러니까. 그렇게 해서 가는데, 군산에, 군산쯤 가는데 관광버스에서 실시간 속보가 나오잖아요. (면담자 : 네, 네) 근데 군산쯤 가니까 이 실종자 숫자가 바뀌더라고요, 그때서.

그때는 가면서 "정차웅 군만 시신으로 발견됐[다]"고 막 이렇게 나오고, 다른 얘기는 없었어요. 그 당시에 "다 구조가 됐고 지금 인근 섬, 섬이라든가 인근 어선에 계속 나눠 타고 지금 팽목으로 오고 있다" 그런 방송들만 계속 나오고 있었어요. 그런 줄만 알고 있었죠. '애들이 어딘가 분명히 다 이렇게 섬이라든가 어선으로 해서 오고 있겠다' 그런 생각을 하고서 갔던 거죠. 근데 군산쯤 가니까 이제 실종 얘기[를] 하더라고요. 그때서 이제 정부에서 발표가 바뀌어서 나오더라고요. 그래서 '아 이거 뭔가 문제가 있나 보다' 그런 생각을 하면서도 '다영이는 야무지니까 분명히 어디서 구조됐을 것이다' 그런 생각을 했었죠.

| 면담자 | 버스 안에서 그 소식이 전해졌을 때 분위기가 좀 어 |

뗐나요?

다영 아빠   크게 뭐 그렇게 동요되는 건 없었어요.

면담자   아, 그러시진 않았어요?

다영 아빠   네. 다들 차분하게 그냥 뭐 속으로 그냥 애타는 마음 그대로 갔던 거죠. 별다른 움직임 없었고요, 저도 마찬가지였고. 뭐 좋은 생각만 많이 했어요. '잘 구조됐을 것이다, 어디 있을 것이다' 그 생각을 계속했었던 거고···. 진도체육관 도착해 가지고 [보니까 체육관] 앞에 실종자, 저기 생존자 명단이 있더라고요. 그 앞에 게시판에 해놨는데, 여러 번 이렇게 둘러봐도 다영이 이름이 없더라고요, 거기에. 그때 생존자가 많지 않았어요. 그래 갖고 '야, 이거 문제가 될 수도 있겠다' 그러면서도 어디 이제 인근 섬이라든가 어선에서 지금, 계속 방송에서도 오고 있다 그러니까, 이제 오고 있는 줄만 알고 있었죠. 그러면서도 이제 체육관을 두리번두리번 보고 있는데, 많은 학생들이 우리 도착하기 전에 많이 갔더라고요, 몇 명만 남아 있는 상태였었고. 다 둘러봐도 다영이가 안 보이더라고요.

면담자   그때는 체육관에 이렇게 오래 있게 될 거라고 생각을 못 하셨던 거죠?

다영 아빠   그렇죠, 그렇죠.

면담자   그때만 해도.

다영 아빠   그래서 뭐 학생들 몇 명만 보이고 나머진 다 간 거 같더라고요. 두리번두리번 아무리 찾아봐도 다영이는 없었던 거고, 다시 나와서 게시판 봐도 다영이는 명단이 없어요, 생존자 명단에. 그래서 체육관 바닥에서 다영이 엄마랑 같이 앉아 있었죠. 그렇게 했는데, 한 저녁 10시쯤 됐을 거예요. 뭔가 계속 도착할 시간이 넘은 거 같은데, 보니까 안 오고 그런 거죠. 그래서 '뭔가 좀 이상한, 이상한 것 같다' 그래 갖고 다영이 엄마하고 "체육관 뒤로 좀 잠깐 가자"고 그래서, "바람이나 좀 쐬러 가자"고 [해서], 체육관 뒤에 앉아갖고 얘기를 했죠. "마음을 단단히 먹어야 될 것 같다"고, "이 시간까지 안 오는, 안 오는 거 보면은 뭔가 좀 문제가 생긴 것 같다". 이렇게 하고 다영이 엄마랑 많이 울었죠. "담담하게 하자" 그렇게 했었고, 체육관에서 대기를 하고 있었어요.

많은 정치인 포함해서 엄청나게 많이 사진 찍으러 왔더라고요. 저도, 제 아는 사람들도 많이 와 있고…. 제가 거기 이제 체육관에 앉아 있으니까 제가 아는 정치인들이, 또 그 사람들도 뭐 그냥 와가지고 뭐가 없잖아요. 그러니까 아무 데나 있으면 고 옆에서 그냥 같이 앉아 있는 거, 그거밖에 없드라고요. 그래서 정치인들도 쭉 보면은 내 옆에 주변에서 같이 인사하고 같이 앉아서 기다리는 수밖에 없었어요.

그러다가 새벽 한 2시경에 다영이 엄마 폰으로 연락이 왔어요. "지금 다영이가 지금 배에 살아 있다고 연락이 왔다" 그랬어요. 그래서 그때 네 명이 살아 있었고, 그 이, 이름이 다영이도 있더라고요, 보니까 다영이 다 친구들이에요. 그래서 "빨리 팽목으로 오라" 그래서 그때 부랴부랴 갔죠. 그때 처음에는 우리 처남, 처남이 지금 목포에 살기 때문에 미리 와 있었거든요, [처남이] 그 차를 타고 갈려다가

다영 아빠 김현동

"119차를 타고 가자" 그래서 119차를 타고 팽목으로 갔었죠. 가는, 가는 과정에서 인천 해경에서 연락이 왔더라고요, 다영이 엄마 폰으로.

면담자   해경에서 어머님 폰으로 직접 연락이 왔어요?

다영 아빠   네, 네. 그래서 거기도 '배에 살아 있다'는 정보를 들어서 그런 건지 그걸 확인하기 위해서 전화가 왔더라고요. 그래서 제가 얘기했죠. "나도 지금 자세한 내용은 모르고 암튼 배에 다영이를 포함해서 네 명이 지금 살아 있다 그래서 지금 급히 팽목으로 오라 그래서 가고 있다" 그랬죠, 그렇게 했었고. 계속 물어보더라고요, [그래서] "내가 더 이상 자세한 건 모르겠다" [하고] 팽목에 도착을 해서, 그 해경이랑 통화할 때가 한 2시 21분 정도 됐어요. 이제 팽목에 도착해서 보니까 거기 천막이 하나 있고 거기가 "상황실"이라 그러더라고요. 거기 가서 "이제 전화받은 사람이 누구냐?", "이걸 이 내용을 잘 아시는 분이 있냐?" 하니까 다들 잘 모르더라고요.

그러면서 책상 위에 이제 메모가 돼 있어요, 거기. "김다영", 뭐 "김주희" 뭐 이렇게 네 명 이름이 있더라고. 다영이 친구들인데. 누가 전화를 받아서 거기다 메모를 그렇게 해놓은, 해놓은 거더라고요. "혹시 이거 전화받은 사람 누구냐?" 그러니까 아는 사람도 없고 막 그러더라고요. 일단은 뭐 살아 있다 그러니까 약간 좀 마음이 안심이 되더라고요. "아, 배에 있는데 살아 있다" 그렇게 그때 처음으로 들은 거고, 그래서, 다영이 엄마 몸도 안 좋고 그래서 고 상황실 앞에 응급 텐트가 있었어요, 의료진들이 와 있더라고요. 그래서 거기 침대 칸 거기 자리 하나 해가지고 거기서 좀 다영이 엄마 누워서 주사도 맞고 그렇게 대기하고 있었구요, 저는 계속 고 주변에서 어슬렁어슬렁거리고 있었죠.

면담자　　　그럼 처음 팽목에 2시쯤 도착하셨을 때 다른 가족분들도 좀 계셨나요?

다영 아빠　　　새벽 2시였었고요, 그때 뭐 가족, 가족인지 누군지 모르지만 암튼 많은 사람들이 있었어요. 기자도 많았고 가족들도 있을 거 같고 경찰도 있는 거 같고 많은 사람이 있었어요. 그래 갖고 거기서 살아 있다는데 그러면 이제 구조를 해야 될 거 아니에요. 그래서 거기 주변 사람들한테 물어봤죠. "지금 어떻게 구조는 지금 어떻게 하고 있냐?" "구조 지금 안 하고 있다" 그러더라고요. "왜 안 하고 있냐?" 그러니까 자기도 다 "모른다" 그러고, 그래서 사람이 속이 엄청 타더라고요. 아니 지금 배가 지금 뒤집혀서 있는데 그 어느 누구도 그걸 안 하고 있다는 게 이게 진짜 답답하고 미쳐버리겠더라고요.

그래 가지고 그 시기에 제가 수소문해 가지고 MBC 라디오 '시선집중' 그쪽에다가 생방송 전화 인터뷰를 하려고 요청을 했었어요. 해가지고 아는 사람 통해서 그쪽 PD하고 연결이 돼서 방송하기로 약속을 하고 그리고 다음 날 7시 20분 정도에 방송하기로 약속을 했었죠. 그렇게 해서 제가 방송을 했죠, 전화가 와가지고. 생방송으로 "지금 현재 사람이 이렇게 네 명이 지금 살아 있다" 그러고 "근데 지금 어느 누구도 구조를 안 하고 있다", "빨리 배 안에 사람이 많이 살아 있는 거 같은데 빨리 구조를 했으면 좋겠다". 그러면서 제가 강력히 호소를 했었죠. 그 생방송 위력이 있더라고요.

면담자　　　　저도 그때 들었었어요.

다영 아빠　　　제가 아는 사람들도 많이 들었더라고요. 그래서 거기서는 "살아 있다는 게 신빙성이 있냐?" 뭐 어쩌고 얘기를 하는데, 저는 제가 직접 전화를 받고 팽목에 왔었고 그런 정황을 설명을 하면서 "나는 살아 있다고 생각을 한다. 빨리 구조를 호소를 한다"고 얘기를 했었던 거 같아요. 그랬었고, 그다음 날 낮에 또 '채널A'란 데다가 또 생방송 전화 인터뷰를 했었어요. 거기도 마찬가지로 그 관련된 보도를 하는 거 같은데 "거기는 식당 칸 얘기"라면서 "에어가 거기도 있을 것이다" 이런 얘기도 했었는데, 마찬가지로. 고 시기에 또 "여섯 명이, 여섯 명이 그 식당 칸에 살아 있다" 그랬어요. "한 명은 다리를 다쳤고, 그 주변 옆, 옆 칸에도 사람들 소리가 나고 그래서 뭐 한 30여 명 정도 살아 있을 것이다" 그런 얘기들이 있었어요. 그때 제가 고 얘기도 채널A에 전화 인터뷰로 제가 얘기를 했었던 거고. 그때 상황에서는 그렇게 해서 빨리 알려가지고 구조를 하게 할 수밖에 없는 그런 상황이었어요. 어디든지 하여튼 끈만 대면은 알릴라고 노력을 많이 했었던 그런 그때였죠.

면담자　　　　17일 말씀인 거 같은데요. 그날에도 계속 팽목에 계셨던 거예요?

다영 아빠　　　그렇죠. 16일. 새벽 2시경에 글루 가가지고 계속 팽목에 있었던 거죠, 저는.

면담자 혹시 다영이가 22일 돌아올 때까지 계속 계셨나요?

다영 아빠 그렇죠. 네. 그렇게 하고 뭐 나머지 할 수 있는 것은 거기 천막에 상황실이라고 돼 있었고 해경 간부들이 나와서 브리핑하고 막 이랬어요. 이, 이만한 탁자가 있었고 그 해경 간부가 여기 있고 나머지 가족들이라든가 사람들이 계속 요구하고 그런 식이었죠, 보고 듣고 막 이런 식. 그때, 그때 느낌이 계속 뭔가를 숨기고 계속 말로만 때우고 그냥 흐지부지하려고 하는 느낌을 많이 받았어요. 전혀 뭐 구조에 대한 계획도 없었고 그런 얘기한 적도 없구요. "물살이 세고 이제 그래서 잠수에 어려움이 있다. 그리고 계속 들어갈 수 없는 조건이다. 정조 시간에 하루에, 그때 한 세 번 정도, 세 번 내지 네 번 정도 고 시간에, 정조 시간에 들어갈 수밖에 없다" 이렇게 얘기하면서 "정조 시간 되면은 또 물살이 세 가지고 못 들어갔다" 막 이렇게 하고, 그리고 "앞에 들어가서 시야가 안 보여서 못 한다"는 얘기를 막 계속 반복을 했었어요. 그렇게 며칠을 갔어요.

그러다가 3일 쩬가 부턴가 애들이 그 "가이드라인을 설치한다"고 그 얘기를 했었어요, 그래서 뭐 위에서부터 이렇게 쭉 한층 연결하고 다음엔 또, 다음 정조 시간엔 또 다음 연결하고 뭐 이런 식으로. 하, 그런 거 보고 진짜 답답했어요, 진짜. '그렇게 해갖고 어느 세월에 그 많은 애들을 구할 수 있을까' 이런 생각을 좀 많이 했었고, 다 미쳐버렸죠 뭐, 다들 그때. 근데 정부에서 하는 것은 그거밖에 없었어요. 그때도 계속 '애들이 살아 있을 것이다'는 그런 마음들은 다 있었어요, 부모들이. 근데 그렇게 하고 기다리는데, 그야말로 이게 그…, 그니까 정부에서 나와서 하는 일치고는 너무 진짜 초라했고…. 거기 또 실종자 가족들 대기할 만한 공간도 없었고요, 비도 막 가끔 오고 날도 엄청 추웠어요, 그때. 저희들은 그때 이렇게 얇은 옷, 그때 뭐 얇은 옷 입고 있어 가지고 밤 되니까 엄청 추워 가지고, 겨울이더라고요 밤에는. 추워서 다영이 엄마가 응급 텐트에 있으니까 거기에 몰래 비집고 들어가서 몸도 녹이고 있다 나오고, 어디 딴 데서는 어디 뭐 앉을 데도 없었고 그런 상황이었어요. 그렇게 며칠 계속 갔었죠. 밥도 제대로 못 먹고 담배만 줄기차게 피워대는 그런 시기였죠, 그때가.

면담자   그럼 그때 다른 가족분들과 모여 계셨던 건가요?

다영 아빠   그래서 이렇게 해서, 누군지는 모르니까 옆에 있는 사람들끼리 서로서로 얘기하고, 지금 상황이 어떤 상황인가 서로 공유하고 그냥 그런 상황이었죠. 뭐 주변 사람도 잘 모르고 이러니까, 우리 가족들끼리, 우리 형도 와 있고, 그런 사람들끼리 우리끼리 모여서 걱정하고 그런 정도였죠. 그러면서 이제 해경 간부들이 있는 그 상황실에 수시로, 그때는 수시로 가서 거기서 주변에 있어야 돼요. 그 시기, 고 자리에 없으면은 또 못 들으니까 어떻게든지 얘기를 들으려고, 정보를…. 특별한 얘기는 없었고, 계속 반복되는 얘기였었고요. 가족들은 뭐 "빨리 구조하라"고 난리 치고 그런 상황이었습니다.

    그러면서 참 '얘들이 뭔가 숨기는 게 있고 지금 이거 구조할 의지가 없다. 얘들이 다 죽기를 바라고 있다' 이런 생각을 많이 했던 것 같아요. 그 자리에서도 그 뒤에 TV에서 보도되는 내용을 보면은 엄청나게 그야말로 대대적인 구조 작전을 한 것처럼 얘기를 했었고,

실제로 우리에게 하는 것은 전혀 없었는데 그렇게 가고 있더라고요. 그러다가 한 나흘쨴가 이제 해경한테 거기 대합실 있잖아요, 거기 상황실. 상황실이었었는데 거기에서 해경 간부들하고 해서 종합적으로 얘기를 듣는 기회가 있었어요. 그럴 때 애들이 시인을 한 게 "에어포켓 없다. 그리고 지금, 지금쯤 거기 있는 사람들 다 죽었을 것이다" 이렇게 그때 실토를 하더라고요.

면담자　　해경 쪽에서요?

다영 아빠　　네, 해경 간부들하고 그때 서해청장하고 다들 있었으니까. 그래서 그때 이제 '완전 속았다'는 생각을 하고, 사람들이 "이 새끼들하고 얘기 못 하겠다" 그래 갖고 "다 우리 청와대로 가자" 그 한마디에 사람들이 우르르 그때 나왔었죠.

면담자　　19일 밤 말씀하시는 거죠?

다영 아빠　　그쵸, 그때가 한 19일쯤 됐을 거예요.

면담자　　네. 진도대교를 건너려 했던 그때죠?

다영 아빠　　그렇죠. 그래서 뭐 한 나흘 동안 아무것도 된 게 없었고, 결국 "에어포켓도 없다" 그러고…. 이제 '그동안에 한 것이 다 쇼였다'고 보는 거죠, 저희 가족들 입장에서는. 오히려 '그냥 죽기만을 바랐던 것이다' 이제 그렇게 생각을 하였고, '진짜 속았다' 생각을 하고, 다 그때 막 이제 "청와대로 가자" 해서 우르르 나왔었고, 거기서 뭐 "야, 이거 그냥 여기까지 청와대를 그냥 바로 가지 말고 진도체육관 가서 거기 있는 사람들한테도 얘기해서 같이 가자" 그렇게 해서 다 우선 진도체육관으로 가서 얘기했죠. 말 한마디에 다 따라 나왔죠. 그래서 밤새도록 이제 진도대교를 걷게 된 거죠.

면담자   그 전에는 반 모임이 없었을 때인가요?

다영 아빠   그 당시는 반 모임이 이제 [다는] 없었[고], 몇 개 반들은 됐었는데, 뭐 전혀 그런 게 반 모임이 없었어요, 그때만 해도. 없었고 그다음 날인가? 그치, 그다음 날인가 보다, 진도대교 싸움하고 와서 반 모임들 이걸 했었죠. 해가지고 우선 그, 아니다 고 다음 날인가 보다, 갔다 와서. 갔다 와서 이제 사람들이 막 쏟아져 나왔, [아니] 애들이 쏟아져 나왔잖아요, 막. 엄청 많이 찾고 막 이러는데, 그때는 이제 부모들 관심이 '그러면은 애를 찾으면은 이제 어떻게 해야 되는지?' [하는 데 쏠리기 시작했어요. 근데] 그거에 대한 전혀 얘기가 없었어요. 계획이 있을 텐데 그것을 알려주는 게 없어 가지고 우리 스스로가 다 알아봐야 되는 그런 상황이었어요.

그래서 제가 이제 안산시 공무원들이 와 있는 부스에 가서 내가 물어봤죠. 그랬더니 그 사람들도 모르고 있더라고요. 그래서 내가 "자세히 당신이 알아봐 가지고 내가 좀 이따 올 테니까 나한테 얘기 좀 해줘라" 그래 가지고 얘기를 듣고⋯. 첨에는 우리가 뭐 다 택시 대절해서 우리 차로 다 이동하고 막 이렇게 하는 줄 알았어요. 그래서 걱정했었죠, 어떻게 하는지 모르고, 장례, 장례식을 합동으로 하는지 어떤지도 잘 모르고 있는 상황이었고. 그래서 안산시청 공무원한테 "그럼 당신이 얘기한 걸 타이핑을 쳐줘라" 그렇게 하고, 그 옆에 교육청 부스가 있더라고요, 거기 가서도 똑같이 얘기하고⋯.

당신들 "모른다" 그러더라고요. "당신들 알아봐 가지고 타이핑을 쳐서 나한테 20부 정도 복사를 해주라" 그렇게 하고….

이제 동시에 뭐지, 반 명단을 그때 확보를 해가지고 제가 연락을 했었죠. 그래서 "보자". 근데 주로 이제 팽목항에서 있었기 때문에, 그때 팽목항에 있던 가족들이 한 일고여덟 명, 일고여덟 가족? 일고여덟 가족 정도 됐어요. 우선 고 인원만 우선 인원을 파악해서 한번 모였었죠. 모이고 제가 그걸 나눠주면서 설명을 해줬죠. "애들이 지금 쏟아져 나오는데 곧 우리 애들도 나올 수 있을 것 같다" [하면서] 그것 나눠주고 앞으로 찾으면 어떤 식으로 이후에 절차 가는지 같이 공유하고 막 그랬었죠. 물론 이제 나중에 알게 됐는데 진도체육관에서도 반들이 모였더라고요. 거기에서 따로따로 모였었는데, 우리 팽목에 있던 것처럼 체계적으로 이후의 절차에 대해서 공유하고 이런 건 없었더라고요. 우선은 그때 우리 가족들만 공유를 했었고 그랬는데, 이제 고 다음부터 6일째부터 계속 애들이 나왔어요. 마침 공유하고 바로 다음 날부터 그게 시작이 돼가지고 우리 반들은 차질 없이 잘 진행을 했었죠.

면담자   혹시 다른 반 같은 경우에는 정신없이 아이들이 올라오고 또 따로 데려가고, 이런 집이 많았던 거죠?

다영 아빠   뭐, 한두 반 정도가 좀 많이 모여서 서로 그런 내용들을 공유하고 이렇게 했던 걸로 알고 있고요. 저희 반은 팽목에 있던 가족들하고 체육관에 있던 가족들하고 따로따로 이렇게 됐었어요. 근데 뭐 체육관 같은 경우도 그때 지도력이 약해서 그냥 뭐 흐지부지됐던 것 같아요.

면담자　　　잠깐 아까 얘기로 돌아가서요, 19일에 진도대교 넘어
간다고 하셨을 때요, 그날 거의 밤샘 대치를 하신 거잖아요?

다영 아빠　　　그때가 뭐 한 거의 12시 다 됐을 거예요. 갈려고 버스
로 타고 갈려 했더니 버스도 못 타게 하고 이래서, 고 앞에 해수부
장관이 와서 해명하려고 또 했었거든요. 다 무마시키려고 했던 거기
때문에 "무시하고 그냥 걸어서 가자" 해서 걸어서 갔었던 거죠. 밤새
도록 걸었죠. 한 14킬로[미터] 정도 되는 거 같은데, 그 전에 뭐 거의
한 3, 4일을 먹지도 못하고 제대로 자지도 못하고 이런 상황에서 그
냥 입던 옷 그대로 입고 갔었어요. 밤에 뭐 비도 오고 이래 가지고
애로 사항이 좀 많았었죠. 제가 가면서 안산시 자원봉사센터에다가,
그때 아는 사람이 있어 갖고 연락을 해서 "가족들이 지금 행진하니
까 물이라든가 먹을 것 좀 챙겨서 보내줄 수 있으면 보내줘라" 내가
이렇게 얘기를 했었죠. 그때도 제종길 지금 시장이죠. 그 양반도 그
때는 뭐 시장이 아니었었는데 그때 낮에 봤었어요, 팽목에서. 그래
갖고 그쪽 보좌관들도 제 후배들이 있고 해서 연락을 거기도 해놓고
같이 행진을 했죠.

면담자　　　그럼 14킬로미터를 걸으실 때는 제지하는 사람도, 지
원하는 사람도 없이 쭉 걸어가신 거예요?

다영 아빠　　　그냥, 그냥 걸어간 거구요. 제지도 하는 사람 없었고
그냥 갔죠. 그래서 그때 구호가 "정부는 살인마", 그담에 "내, 우리
애를 살려내라" 그거 두 가지 구호를 계속하면서 갔어요.

면담자   그럼 19일 밤을 지나면서 가족분들은 '아이들이 못 돌아올 수도 있겠구나' 하고 생각하셨나 봐요.

다영 아빠   이미 이제 그때는 '애들이 다 죽었다' 생각을 한 거예요.

면담자   이미 그 시점에서는?

다영 아빠   네, 네. 해경 얘기 듣고 '애들 다 죽고 또 이놈들이 그 동안에 일부러 구조를 안 했구나, 애들 다 죽기만을 기다리고 있었다' 이제 그 생각을 했던 거예요. 그러니까 이제 열받으니까 이제 "청와대 간다"고 그래서 나왔던 거지. 그래서 진도대교 다 오니까 그때야 거기서 이제 애들이, 경찰들이 막더라고요, 거기서 어쨌든 마무리 짓고. 처음으로 싸움한 건데 처음 싸움치고는 잘했어요. 마무리도 어쨌든 뭐 교섭을 해가지고 국무총리 면담 요청하고, 국무총리 만나는 약속을 하고서 이제 돌아갔죠.

면담자   이미 진도대교에서 대치하실 때에 가족모임 대표 이런 식으로 있었던 건가요?

다영 아빠   그 전에도 이제 그냥 그 당시에 목소리, 목소리 큰 사람이 그냥 대책위인 거고 가족대표가 되는 거죠. 그래서 팽목에서 2일차부터 계속 그 대책위를 했었어요, 몇 사람들이 나와서 계속 발언을 하고 그렇게 했었던 거죠. 그게 자연스럽게 대책위가 된 거였고요. 그 당시도 이제 진도대교 싸움하는데 대책위라고 하는 사람들은 다 빠져버렸어요, 행진할 때.

면담자   행진할 때에 가족대책위 분들이 안 계셨다고요?

다영 아빠 처음에, 첨에는 같이하다가 중간에 뭐, 나중에 알고 보니까 국무총리 만나러 갔더라고요. 진도군청으로 만나러 우르르 다 가버리고, 참 그 싸움 어설프긴 했죠, 다 빠지고. 결국은 마무리를 좀 해야 되는데 그때 제가 이제 고민이었죠. 저는 이제 그런 싸움을 해본 사람인데 처음부터 '이걸 괜히 이름 알리고 얼굴 팔리면은 좀 이후에 어렵겠다' 생각을 해서 저는 가급적 안 나설라고 했었고, 다른 사람들 몇 사람 내세워서 했었던 거죠.

3
다영이의 장례 과정

면담자 그럼 아이들이 한 번에 많이 올라오기 시작했었잖아요, 다영이가 101번째?

다영 아빠 101번째.

면담자 다영이 전에 아이들이 올라올 때 마음이 좀 어떠셨는지요?

다영 아빠 처음에는 네 명인가 올라왔어요. 그래 갖고 그 당시에 부두 쪽으로 왔는데, 올라오면은 연락을 해서 거기 가서 다 확인을 했어요. 얼굴만 다 내놓고서 전부 다 다 확인해 보고, 거기서 찾은 사람들이 이제 앰뷸런스 타고서 목포라든가 이쪽 병원으로 후송이 됐거든요. 다 확인했죠.

면담자   처음에는 인상착의 이런 것도 안 알려주고 그냥 가서
확인을 해야 했나요?

다영 아빠   그렇죠 뭐. 거기다가 써놓긴 했는데….

면담자   그래도 혹시나 하는 마음에?

다영 아빠   그러믄요. 다, 그건 뭐 다 확인했죠, 직접. 근데 그때
만 해도, 첨에만 해도 딱 네 명 왔는데, 딱 보고서 우리 애가 아니니
까 '아유 다행이다' 이제 '우리 애는 배 안에 살아 있다' 생각을 했었
으니까, '아이 다행이다' 그렇게 하면서도 계속 봤어요. 근데 첫 애
가, 첨에 나온 사람들이 보니까 멀쩡해요, 며칠 바닷속에 있었다는
생각이 안 들 정도로 그냥 아주 깨끗하고. 그중에 한 사람은 누가 코
를 이렇게 딱 댔는데 거기 뭐 좀 온기가 있을 정도로 있었대요. "죽
은 지 얼마 안 된 거 같다" 얘기도 있었고요.

     암튼 계속 이게 구조가 안 됐어요. 그러다가 진도대교 투쟁하고
갔다 와서 이제 그때부터 애들이 줄줄이 나오기 시작했어요. 그래서
'애들이 아마 의도적으로 그 전에 다 찾아놓고 있다가 싸움하고 막
이제 가족들이 움직이고 그러니까 그때서 막 이제 가져오지 않았냐'
이런 생각을 좀 많이 해요, 저는. 그래서 그 당시도 우리가 요청을
해가지고 "냉동고를 만들어라" 이런 얘기도 처음부터 얘기를 했었거
든요.

면담자   처음부터 그걸 얘기를 하셨었어요?

다영 아빠   이틀, 이틀 삼 일 정도 때부터 계속 "그런 거를 미리

준비해야 되는 거 아니냐" 그러니까 걔들이 준비한다고 얘길 했었고, 그 당시 내가 듣기로는 "100개 정도가 지금 돼 있고 나머지를 또 계속 추가를 하고 있다" 막 이런 식으로까지 내가 얘기를 들었던 거 같은데, 이제 그 뒤로 보면은 막 쏟아져 나오는데도 전혀 냉동고를 보지를 못했어요. 그냥 팽목 천막에다가, 바닥에다가 아이들을 오는 대로 다 이렇게 눕혀놨었어요. 거기서 그게 시신 확인실인데, 거기 와서도 가족들이 직접 다 둘러보고 찾았어요, 거기서.

거기서도, 다영이도 101번쩬데, 135번째가 우리 반 민정이네거든요. 근데 그때 뭐 우르르 몇십 명씩, 몇십 명씩 쏟아져 나오는 상황인데, 민정이 인상착의를 보고 부모들 두세 가족이 자기 애 같다 이렇게 얘기를 해서, "아니, 무슨 한 애를 두고 그렇게 여러 사람, 여러 사람이 그러냐?" 우리 반 [부모들]이 또 그렇게 했어. 그래서 "그럼 같이 가보자" 해서 같이 이제 민정이 확인하러 시신 천막에 갔다가 민정이인 걸 확인하고 민정이 가고, 그러고서 저쪽에 보니까 몇 구, 애들 누워 있더라고요. 그래서 제가 우리 이모랑 나랑 서로 말도 안 했는데 자연스럽게 발길이 글로[그리로] 돌려졌어요. 그랬더니 저쪽 끝에 보니까 다영이가 누워 있더라고.

면담자   아, 그럼 알고 가신 게 아니라?

다영 아빠   알고 간 게 아니고…. 그 전에는 전광판에, 칠판에 101번 해가지고 다른 애 이름이 써 있었어요, 다른 애 이름이. 다른 애 이름이 써 있고 인상착의는 쭉 그대론데 이름이 써 있으니까 나는 이제 크게 신경을 안 쓰고 '아, 저건 확인된 거다' 생각을 했었어.

근데 우리 애들이, 우리 다영이 오빠들이 둘이 있었거든요. 걔들이 와서 그거 보더니 "아빠, 저거 101번 인상착의가 다영이 같아요" 그러더라고. "그래? 한번 가보자" [해서 가본 거죠].

면담자   그때 큰아들이 군인이었죠?

다영 아빠   군인이었었는데, 군인이었는데 걔가 해군이었어요. 사고 나자마자 바로 사고 해역으로 출동해서 그 인근 수색을 했어요, 걔네 배가 출동해 가지고. 3일째 되는 날 밤에 팽목으로 "가족들과 함께 있으라"고 보내줬어요. 가족과 그때 같이 있었고요, 그래도 정말 그런 것들을 많이 봤을 거 같아요. 초기에 해경이, 아니 뭐야 해군이 그 앞에 수색할 때 별별 얘기들이 많이 나왔을 거 같은데, 그 얘기를 다 듣고서 걔가 수색을 해가지고, 그 뒤로 말을 안 해, 그거 관련해 가지고 일체. 그런 상황들을 겪었고….

면담자   다영이 봤을 때에 대해서 말씀하고 계셨어요.

다영 아빠   아, 네. 그래서 민정이 가고 이제 이모랑 나랑 쭉 둘러보는데 저쪽에 보니까 그 윗도리, 걔가 내, 내 옷을 입고 갔거든요. 그래서 저는 다 알죠. 또 다영이 엄마가 적어준 것도 있고 해서 했는데, 딱 보니까 옷이 내 거, 어? 다영이더라고. 그래서 거기 사람한테 "얘가 우리 애 같다" 하면서 "확인하자" 그래서, "귀걸이 있나 확인해 보라"고, 걔 여행할 때 꼭 여기에 꽂는 귀걸이를 하거든요. 그거 있고 "시계 확인해 봐라, 시계" [하고] 딱 보니까 시계, 오빠가 사준 시계가 있었어요. 그리고 "발을 한번, 양말 좀 벗겨봐라", 매니큐어를 하고 다니거든요, 매니큐어 딱 맞고. 그다음에 이제 "반지 좀 보자.

다영 아빠 김현동

이니셜, 이니셜 있을 거다", 우정 반지, 거기 이제 ××이하고 수진이하고 다영이하고 세 명이 우정 반지를 해서 거기다 이니셜을, 세 명 이니셜을 박아 넣은 게 있어요. "반지 이니셜을 확인해 봐라" [했더니] 그니까 다 맞죠.

그게 근데 명찰이 딴, 딴 게 있으니까, "아니, 이 명찰 이거 어떻게 된 거냐?" 내가 물어보니까 옆에 있어 가지고, 그냥 걸어놓은 거래. "아니 이 사람아, 이렇게 하니까 사람 찾기 힘들지. 옆에 있다면서 그렇게 막 걸어놓으면 되냐" [하고 뭐라 그랬죠]. 그래서 그때도 내가 진짜 이렇게 귀걸이든 이니셜 반지든 다 정확하게 얘기를 했으니까 돌려줬지, 만약에 그런 것들을 정확히 인상착의 없거나….

면담자　　　모를 수도 있죠.

다영 아빠　　　그러면은 "얘들은 DNA 검사해야 된다" 그러고 안 줘요. 안 주고 그러면 며칠 걸립니다, 그게 DNA 검사 나올라 그러면은. 다영이도 우리가 걔에 대해서 다 알았기 때문에 바로 돌려주더라고요. 그래서 "처음에는 그럼 어디서 얘를 찾아왔냐?" 그랬더니 처음에는 "뭐, 그 인근에 떠 있는 걸 그냥 찾아왔다" 얘기하더니 나중에는 "배 안에서 찾아왔다"고 얘길 하더라고. 나는 그것도 참 이게 일주일 정도 있었던 시신을, 그때 햇볕도 쨍쨍했거든요. (면담자 : 네) 천막 얼마나 더워요, 거기에 그냥, 그냥 그대로 이렇게 눕혀놓고…. 보니까 그때가 오훈데 오후 1시 정도 됐어요. 됐는데, 보니까 7시 한 45분쯤에 건져 왔더라고요. 그러니까 그러면 거의 반나절을 그냥 그대로 방치가 된 거잖아요. 근데 볼 때는 멀쩡했어요. 금방 물놀이하다 와서 그냥 누워서 자는 사람처럼 있었다고. 만져보니까 좀 몸은 차갑고 손바닥하고 발바닥하고 물에, 물놀이 오래 하면 이거 부르트잖아요. 그 정도? 그 정도 몸이 차가운 거 외에는 진짜 금방 자는 사람처럼 이렇게 멀쩡했어요.

면담자　　　그럼 이모님과 아버님이 처음 천막에서 확인하신 거고요.

다영 아빠　　　처음 확인했죠. 확인을 하고, 다영이 엄마는 또 확인시켜도 안 돼요, 환자라서. 그래서 이제 바로 연락을 해가지고 "짐 싸라" 그렇게 하고서, 다 얘기하고서 짐 싸가지고 갔죠. 저는 이제 앰뷸런스 타고서 바로 목포병원으로 갔고요, 거기서 다시 검사를, 확인을 하거든요. 시신을 확인하고 거기서 이제 인도를 해요. [그러고 나서] 안산으로 [가는데], 안산으로 가는 것도 마찬가지로 그렇게 해서 확인을 하고 거기서 그냥 하는 거 없이. 하, 저는, 이렇게 저기 뭐야 비닐 가죽 백 있잖아요? 거기다가 시신을 넣구서 드라이아이스만 좀 옆에 넣구서 그렇게 오는 거예요. 하, 참 진짜…, 그동안에 뭐 했는지, 그 냉동고는 어디 갔는지, 그리고 그 일주일 된 시신을 그렇게 그냥 앰뷸런스에다 대고 그냥 그렇게 오는 것도 그렇게 야만적인 게 없더라고요. 진짜로 어이가 없더라고요.

　오면서 이제 장례식장을 알아봐야 되니까 수소문을 해가지고, 내가 여기 안산에 또 선배들한테, "[다영이] 찾아서 가니까 장례식장 알아봐 줘라" 해서 이제 안산고대병원 거기로 이제 [가려고 했어요]. 그때도 "안치소는 있는데 빈소가 없다"는 거예요, "하루를 기다려야 나온다" 그러더라고요. 그래서 우선은 거기 하기로 [하고] 갔었는데, 또 이제 한사랑병원 원장이 내 후배라서 전화 왔더라고요. "형님 거기 가지 말고 그냥 우리 병원에 오시라"고 [하더라고요]. 처음엔 "내가 아니 고대병원에 해놨으니까 거기 그냥 하겠다" 얘기했는데 부득불 자기 병원으로 오라고 그러더라고요. 그래서 "알았다"고 해서 고대병원 취소하고 한사랑병원 가서 했었죠.

면담자   제가 찾아봤을 때 22일에 발견되었다고 되어 있었고, 장례는 23일부터라고 하셔서요.

다영 아빠   네, 네. 그래서 그때도 22일 날 저녁쯤에 [다영이를 찾았으니까].

면담자   네, 네.

다영 아빠   한 뭐 한 2시 정도 출발을 했으니깐 한 5, 6시 됐을 거예요. 한사랑병원에서 안치를 해놨다가 자리가 없어 가지고 그다음 날부터 빈소를 차렸어요.

면담자   빈소는 한사랑병원이었던 거죠?

다영 아빠   네, 한사랑병원. 거기서 23, 24, 25, 3일 동안 장례를 치렀죠. 장례 치르면서도 그때 뭐 장례 대란이라고 그랬어요, 상복도 그렇고 뭐 다. 나도 보니까 상복이 다 해어져 갖고 막 그런 거, 누더기 옷 같은 거 입고 그랬어요.

면담자   안산에서 장례가 너무 많아서 그랬던 거죠?

다영 아빠   그러기도 하고 뭐, 또 애들이 아주 불친절했어요, 그냥. 뭐 그런저런 얘기하면은 "빼 가라"고, 시체를 "빼 가라"고도 하고 막 그랬어요. 수의 이런 것도 얘기를 기왕이면 좋은 거 하려고, 또 우리 처형이 상조회사에 다니기 때문에 잘 알거든요. 그래서 "수의는 좀 제일 좋은 걸로 한다"고, 거기서 가져오면 되거든, 근데 얘들은 "안 된다"는 거예요, 그거. 그 당시도 그런 원칙이 없으니까 수의, 수의를 자기들이 지정해 준 거만 되는 것이지, 교육청 직원이 와서 사인하고 이렇게 했거든요. 근데 그걸 외부에서 가져오면은 그것 또 계산, 처리 절차가 복잡하니까 아예 "안 된다"고 막 그랬었다고요.

면담자 　　　업체들이 교육청이나 기관에서 연계했던 업체를 말씀 하시는 거지요? 장례 때에요.

다영 아빠 　　　장례식장에서.

면담자 　　　네. 장례식장에서.

다영 아빠 　　　장례식장에서 이제 나름대로 교육청이라든가 이쪽에서 정부지원단에서 뭐 지침이 있을 거 아니에요. 그대로 하려고 했었어요. 기왕이면 수의를 더 좋은 거 하려고 [해도], 근데 "일체 안 된다" 그러고 막 그랬어요. 그때도 막 그 사무장 놈이 "'시체를 빼 가시라'고 그렇게 했다" 그러더라고. 그래서 이모가 왔더라고. "가보자" [해서] 가서 물어봤더니 그게 확실하더라고요. 가서 점잖게 얘기했죠, 거기서 성질부릴 수 없으니까. "내가 여기 오고 싶어서 온 것도 아니고 여기 병원 원장이 후배래서 여기 와 있는 건데 당신들이 누군지는 몰라도 그렇게 심하게 하는 거 아니냐. 우리 3일 동안 여기서 어쨌든 장례 잘 치르고 가면 되는데 그렇게 막말해 대냐" [하고]

점잖게 얘길 하면서, "그래, 그렇게 해갖고 가족들 성질나게 하면 당신들이 좋을 것 같애?" 그러면서 내가 그냥 한번은 인상 팍 쓰고 "한번 해볼까?" 이렇게 한마디 하고서, 그냥 점잖게 "앞으로 잘할 때까지 좀 도와주십쇼" 그렇게 했지.

그때부터 이제 상황이 달라졌어요, 그 수의도 그냥 그렇게 하게 하고. 어차피 그거 돈 달라고 한 것도 아니에요. 그냥 우리가 한 거고, "당신들 기준으로 그냥 해라. 이거는 그냥 우리가 알아서 한다. 신경 쓰지 마라" 그렇게 했거든요. 그렇게 하고 처리를 했었죠. 그거 외에도 뭐 다른 가족들 보면은 진짜 여러 가지, 심지어는 뭐 이 관을 땅에다 내려놨다는 경우도 있고 그러더라고요. 저는 그래도 그거 외에는 원만하게 잘 진행을 했고[요].

면담자   장례 기간 동안에 다영이 어머님은 좀 어떠셨나요?

다영 아빠   다영이 엄마도 계속 워낙 몸이 안 좋아서, 다영이 엄마는 격리를 시켜놨어요, 병실 하나에다가. 이 원장한테 얘기해서 병실 하나만 달라 그래서 병실에서 링겔[링거] 맞고 있었어요. 빈소에는 못 내려오게 하고, 다른 아시는 이웃분한테 같이 있으라고 얘기하고, 그렇게 병실에 있었고, 제가 우리 아이들하고 같이 이제 빈소 지키면서 다 했었죠.

면담자   다영이는 장례 뒤에 어디로 갔나요?

다영 아빠   그때 장례 중에 "어디로 갈 거냐?"고 물어봐서, 그때 뭐 얘기 들어보니까 여기 세 군데더라고요, 안산하고 발안하고 저기 평택 쪽에. 발안 쪽으로 하기로 해가지고 효원추모공원으로 결정을 했었고요, 그래서 지금 거기 가 있죠.

면담자　　　그럼 지금 효원추모공원에 있는 거예요?

다영 아빠　　　네. 운구하고, 단원고등학교 이제 들러서 노제를 지내고, 이렇게 이제 수원 화장장으로 갔거든요. 그 교실을 한 바퀴 돌고 있는데 다른 선생님이 그러더라고요, "우리 다영이는 또 한 군데 가볼 데가 있다"고. 그러면서 운구할 때 안내를 하는데 보니까 위층에 안내를 하더라고요. 가보니까 청소 도구함이더라고요. 그래서 요만한 절반 정도 하는데 대걸레니 뭐니 이런 거 빨아갖고 널어놓고 그런 데예요, 청소 도구함. 다영이가 봉사반….

면담자　　　아, 그랜다이저 봉사반?

다영 아빠　　　네, 그랜다이저.

면담자　　　단장?

다영 아빠　　　"단장이었었다"고 [그러더라고요]. "다영이가 계속 이걸 챙겨주고 급식이니 청소니 뭐니 다 도맡아서 다 하고 그랬다"고 그러면서 얘길 하시더라고요, 우시더라고요. 수학여행 가기 전에도 버스가 대기하고 있는데 다영이가 "잠깐 어디 다녀올 데가 있다"고 쫌만 기다리시라고 막 급히 갔다 왔다 그러더라고요. "어디 갔냐?" 그랬더니 봉사, 봉사반 거기 후배한테 인수인계를 미처 못 한 게 있어 가지고 그 "인수인계 얘기해 주고 오느라고 좀 그랬다"고….

면담자　　　자기 수학여행 가 있을 동안에 어떻게 하라고 이렇게 인수인계해 주고….

다영 아빠   수학여행 출발, 버스 출발하기 전에, 직전에, 그 수학여행 가 있는 동안에 해야 될 일을 [챙겨주고 왔나 봐요].

면담자   자기 가 있는 동안에 해야 될 일을….

다영 아빠   해야 될 일을 이렇게 인수인계하고 간 거죠. 그 정도로 애가 책임감도 있고 그랬던 아이였습니다. 그렇게 해서 장례를 치렀고요….

면담자   화장터에는 어머님도 같이 가셨던 거죠?

다영 아빠   네, 그렇죠. 같이 다 갔죠.

면담자   이건 좀 여쭤보기 조심스러운데요, 혹시 팽목에서 이모님과 처음 다영이를 만났을 때에 그때 좀 어떠셨는지…. 그러니까 지금은 좀 담담하게 말씀을 해주시거든요. 그 당시 아버님 상태나 마음이 궁금해요.

다영 아빠   글쎄요. 이미 이제 그 전부터 한 3일 정도, 3일 정도 지난 거 같은데, 그때 이제 저희 처남, 처남이 "가서 밥 먹자" 그러더라고요. 보니까 내가 밥을 안 먹었더라고. 왔다 갔다 하면서 물이나 먹고 초코파이 뭐 이런 거 그냥 먹고 담배나 펴댔지 밥을 못 먹어서 "밥 먹자"고 데리고 가더라고요. 그래서 거기 부스에 식판 이거 타다가 주더라고. 보니까 고깃국 이런 게 나오던데 그걸 보는 순간 제가 눈물이 핑 돌더라고요. 밥[을] 못 먹겠더라고요. '다영이가 지금도 저 배 안에, 저 안에 있고 저 추운 데서 엄청 떨고서 할 텐데', 그런 생각하니까 진짜 밥이 안 넘어가 갖고 식판 그냥 버려버렸어요. 그때까지도 '살아 있다'고 생각했었으니까….

그렇게 하고서 진도대교 갔다 오고, 그때 이제 처음으로 면도를 했었죠. 면도하고 기다렸다가, 이제 '어떻게 분명히 문제가 됐다' 생각을 했고, 이제 그 전에 대비들을 했기 때문에 보는 순간은 사실 덤덤했어요. 무지하게 참, 뭐랄까 이 표현하기 어려운 그런 것이더라고요. 말문이 딱 막히더라고요, 그때.

면담자   다영이가 수학여행부터 추모공원에 갈 때까지 딱 열흘이더라고요. 저도 인터뷰를 준비하면서 '이 열흘을 아버님께서 어떻게 설명해 주실 수 있을까', 그런 게 좀 고민이기도 하고. 제가 상상하기도 어렵고 했어요.

다영 아빠   거의 뭐 한 일주일은 거의 정신이 없는 그런 상태였어요. 그랬고, 시간이 가면 갈수록 이제 생각이, '야, 이러다가 이거 진짜 다 건져내고 우리 다영이만 만약에 못 건지면은 그게 더 문제겠다' 생각이 많이 들었어요. 지금 이제 저는 [여러] 미수습자가 아직 남아 있듯이 저런 경우가 안 되기를 사실은 그때 많이 바라고 '빨리 찾아 가야 된다' 이런 생각을 그때 많이 했던 거 같아요.

면담자   다른 부모님들 마음도 비슷했겠죠.

다영 아빠   그렇죠. 그런 생각을 다 했을 거 같아요.

면담자   혹시 진도에서부터 장례 과정까지의 이야기 중에 더 하고 싶은 이야기가 있으세요?

다영 아빠   그 과정에서 이제 국가가 실종자 가족들이라든가 그런 거에 대해서 준비 이런 게 전혀 없었고요. 장례 절차와 관련해서도 마찬가지로 뭐랄까 가족들한테 이렇게 좀 알려주는 그런 것이 진짜 거의 없었어요. 예를 들어서, 마음만 먹었으면은 사고 직후에 "전원 구조"라고 다 부모들한테 왔었거든요, 문자가. (면담자 : 네, 네) [문자] 그걸 활용해서라도 이렇게 상황, 상황을 전달해 줄 수도 있었다고 보거든요. 근데 전원 구조라고 한 것은 아주 일사천리로 몇 번 계속 이렇게 왔었는데, 정작 사후에 그런 거에 대해서는 전혀 안내 문자라든가 이런 게 없었다는 거예요.

그리고 [팽목항] 거기서 숙식을 제공하려고 그런 노력들이 거의 없었어요. 초기에 거의 나흘 동안은 아무것도 없었고, 그 뒤에 이제 천막에다가, 그것도 시신 안치소를 하려고 했던 천막에다가 임시로 가족들 거기서 기거하게 하고 이렇게 했었어요. 엄청 그야말로 거의 그냥 맨땅에서 그냥 노숙을 했다고 보시면 돼요. 그 정도로 국가가 그런 참사가 났을 때 전혀 배려들이 없더라고요. 마찬가지로 아까도 얘기했지만, 시신 찾고 그냥 땅바닥에다가 [시신을] 방치해 놓고, 어떤 그야말로 짐짝처럼, 전혀 뭐 사람 존중 이런 것이 없었던 거예요. 올 때도 마찬가지로 헬기 수송하기도 힘든 그런 상황인데 그걸 막 그냥 드라이아이스 하나 넣고서 안산까지. 멀잖아요, 거의 뭐 한 4, 5시간, 5시간 이상 걸리는데, 그렇게 참 한다는 게….

면담자   운구차도 아니고 앰뷸런스였죠?

다영 아빠   앰뷸런스로, 그냥 앰뷸런스로…. 그게 진짜 말이 안 되는 거죠. 진짜 어처구니없더라고요. 장례 절차도, 아까도 장례식

장에서 있었던 일도 마찬가지지만, 그런 거 하나 제대로 정리를 못
해놓고 그런 상황들이 계속 발생했던 거죠.

면담자   안산 오실 때에 지인분들께도 연락하셨다 하셨는데요.

다영 아빠   네, 우리가 다, 그니까.

면담자   '어떤 병원을 가면 된다' 이런 안내도 제대로 없었던
건가요?

다영 아빠   없었죠. 그냥 알아서, 그냥 뭐 "이쪽, 주로 안산하고
이 주변에 다 어디서 하면 된다"[라고만] 얘기했었고요. 그때까지만
해도 '장례비를 지원, 지원한다, 안 한다' 이런 얘기도 없었어요. 그
러니까 우선 하는 거죠. 저희 애 같은 경우도 그래서 "장례비가 이게
지원된다"는 얘기 들으니까, 나중에 알았어요. 그래서 혹시 몰라갖
고 다 이제 [부의] 봉투도 받고 다 했거든. 근데 '장례비가 다 지원된
다' 그랬으면 그런 거 없이 그냥 했을 텐데, 어떻게 자연스럽게 그게
그냥 돼버렸더라고. 암튼 뭐 찾는 과정부터 시작해서 장례 치르는
과정들까지 진짜 인권이라고 할까요? 존중해 주는 그런 마음들이 전
혀 없었고, 피해자 가족들에 대한 그런 처우도, 환경을 조성해 주는
이런 것도 전혀 없었던, 그런 것이 참 지금 생각하면은 국가가 그런
개념이 없다 생각을 했어요.

면담자   아버님은 진도에 계실 때에 체육관과 팽목항 중에 주
로 어디에 계셨었나요?

다영 아빠   저는, 저는 주로 팽목에 있었고 진도대교 싸움할 때

그때 처음으로 체육관 다시 갔었어요.

면담자   그럼 대부분은 팽목에 주로 계셨네요.

다영 아빠   네, 네. 갔다 왔고, 뭐 7일 만에 또 찾았으니까 바로 그냥 저는 올라왔죠.

면담자   아버님 일단 여기까지 하고 잠깐 쉬었다가 재개해도 괜찮을까요?

다영 아빠   네, 네.

(잠시 중단)

4
참사 이후 1년 반의 싸움

면담자   네, 그럼 바로 이어서 진행하도록 하겠습니다. 4·16 이후 거의 1년 반이죠. 그동안 어떻게 생활하셨나 그걸 중심으로 최근 얘기까지 해주시면 될 거 같아요. 많은 싸움들이 있었는데요, 가장 기억에 남았던 것이라든가, 이럴 때는 힘을 많이 받았다, 반대로 이때는 너무 힘들었다. 이런 이야기를 듣고 싶습니다.

다영 아빠   제가 이제 4월 25일 날 다영이 장례를 치르고 한 며칠 있다가, 며칠 후에 "가족대책위가 있다" 그래서 그때 같이 합류를 했었죠. 여기 와스타디움에 사무실이 있었고, 그때 계속 아이들이 계속 올라오고 있는 상황이었기 때문에 처음에 아이들을 찾고 장례를 치른 사람들 중심으로 해서 가대위 활동을 했었어요. 제가 오니까 그 전에 다 위원장, 부위원장, 총무 다 있더라고요.

면담자   이미 가대위가 조직된 상황에서 들어가신 거네요.

다영 아빠   네, 네. 그렇게 와 있었고, 그래서 그 뒤로 이제 '나름대로 역할을 해야 된다' 생각을 많이 했었고요. 이것은 '진상 규명 싸움을 해야 되는데 아주 힘든 싸움이 될 수도 있다' 이런 생각을 했었고…, 그래서 나름대로 좀 기여를 하려고 했죠. 그래서 '초기에 가장 기틀을 잘 잡는 게 중요하다' 생각을 했어요. 방향을 잡는 게 젤 중요했고요. 그래서 그때 뭐 상당히 혼란스러웠던 상황인거고, 부모들이 앞으로 이 싸움을 어떻게 전개해야 될지도 몰랐고 어떤 식으로 해야 될지도 모르고 사실 우왕좌왕하는 그런 상황이었어요. 또 사람에 따라서 다 생각이 달랐기 때문에 그것들을 모아나가는 과정들이 상당히 힘들었죠.

그래서 그때 5월 초로 기억이 되는데, 그때 이제 가족대책, 가족대책위 임원들을 좀 더 보강을 하고 틀을 갖춰나가는 과정들이 있었어요. 그래 갖고 우선은 각 반 대표들을 뽑아가지고 각 반별로 모임을 진행할 수 있게 했었고, 가대위 안에서도 여러 가지 조직을 좀 해야 된다 생각을 해서 우선은 '언론이라든가 이런 것들을 하나로 통일해서, 좀 필요하겠다' 그래서 그때 그 당시에 유경근 씨가, 예은이 아빠가 그 당시에 비슷한 시기에 저랑 가대위에 참여했었어요, 그래서 예은이 아빠가 대변인 역할을 하게 했고. 잘했죠, 감각도 있고 언론도 잘 통제하고. 저는 이제 대외협력인데 자문위원이라고 그러더라고요. 네 명이서 자문위원 하면서, 법률지원단하고 기록단을 조직하는 걸 주로 했었어요. 그거 외에 이런저런 비어 있는 부분들을 좀 많이 거기서 다뤘죠.

그렇게 해서 이제 가대위가 시작을 했었고…, 거기서도 가장 [기본적인] 방향은 '돈 문제가 앞서면 안 된다', '진상 규명하는 것이 가장 중요하다', '우리 아이들이 왜 죽었는지 그걸 얘기하는 게 중요하고 돈 문제는 무조건 차단시켜야 된다' 그랬었죠. 그 당시에도 뭐 예를 들어서 큰아버지라고 해가지고 와가지고 막 배상 얘기 막 하고, "그거 위해서 싸워야 된다"는 식으로 얘기도 하고 했는데, 다 차단시켰습니다. 차단시키고 오로지 진상 규명 그거, 그거 외에는 말을 못 하게 했죠.

그렇게 해서 분향소 주변에서도 부모들이 계속 와 계시니까 그쪽도 챙겨야 되고, 그다음에 실종자 [부모들이] 팽목에는 많이 있었으니까 그쪽 지원사업도 계속해야 되고…, 이런 일들을 계속했었죠. 그런 과정에서 법률지원단 조직을 하고, 그다음에 지금 김종천 씨[구술 당시 4·16기억저장소 사무국장] 있지 않습니까?

면담자   네, 네.

다영 아빠   그 양반이 또 기록단, 전에 얘기하면 기록시민위원회 그 안을 만들어가지고 준비하고 있었어요. 그거 기록단을 공식적으로 가족대책위에 승인을 받아서 가족들, 아이들 개별적으로 다 기록을 다 수집하고, 그런 것들 하고, 일상적으로 움직이는 모든 기록들을 다 하기로 그때 결의를 했죠. 기본 틀이 잡혀 있었고요.

면담자　　　　그럼 대외협력 맡으시면서 많이 만난 분들이 법률지원과 기록지원 쪽이신가요?

다영 아빠　　　그렇죠, 그렇죠. 법률지원단도 민변[민주사회를 위한 변호사모임]이 있고 대한변협[대한변호사협회]이 있기 때문에 그걸 어떤 식으로 할지 사실 고민이 됐었죠. 그래서 사람들은 이제 "진상 규명하려고 하면 민변, 민변이 주도해서 해야 된다, 앞장서야 된다", 또 한편에선 "민변은 너무 과격하다" 이런 얘기도 있었고 그래서 그걸 잘 조율하는 과정들이 필요했고요. 그래서 또 한편으로는 '이 싸움이 큰 싸움이 벌어질 텐데, 그것은 어떤 그 대한변협이 과거에는 어 용성이 있었고 그랬지만, 그래도 그때 집행부는 괜찮은 편이었었고, 대정부 협상력을 높이기 위해서는 변협이 또 나서야 된다'[고] 생각을 좀 했었고요.

면담자　　　　아버님도 변협과 함께 가야 한다고 생각하셨던 거네요?

다영 아빠　　　그때 이제, 네…. 별도로 민변도 만나고 별도로 변협도 만나고 양쪽을 다 만났어요. 그쪽에서도 거의 한 20여 명 이상 간부들이 다 나왔어요. 나와서 민변에서 듣고, "그럼 당신들 어떤 식으로 할 거냐" 얘기 다 듣고, 변협도 마찬가지고, 그래서 조율을 했죠. 그렇게 해서 결과적으로 나온 것은 대한변협이 대정부 협상을 주로 하는 걸로 하고 그중에서 '진상 규명 활동은 민변이 주도가 돼서 대한변협과 함께한다' 이렇게 정리를 했어요. 그래서 이제 대외적으로는 변협과 법률지원단을 조직을 하는 걸로 하고, 민변도 민변 이름 걸지 않고 그냥, 민변의 개인 변호사가 다 어차피 변협의 소속이니까, 그렇게 하는 걸로 해서 공격을 차단을 했죠.

　　그것도 초기에 뭐 보수언론 쪽에서는 공격을 막 했었거든요, 민변의 권영국 변호사라든가 그런 사람들. 그래서 그걸 이제 차단을 이렇게 시켰고, 또 김병권 [가대위] 위원장도 사실, 그 사람도 보수적인 사람이거든요. 그래서 처음에는 유경근 대변인이 뭐 정의당 당원이라고 해서 그걸 또 애들[보수언론들]이 뒤로 흘려가지고 내부 분열시키고 유경근이 못 하게 하려고 이렇게 했었던 것도 있었고, 처음부터 걔들은 그런 공작을 했어요. 저희가 그런 것들을 다 보류하면서 가족대책위[를] 사실은 했었고요.

면담자　　　저도 특별법 제정 과정을 보면서 변협이 어떻게 먼저 손을 내밀었는지 궁금했거든요.

다영 아빠　　　이미, 이제 우리하고 접근하기 전에 변협 내부에 세월호 특별, 특별위원회가 조직이 돼 있었어요. 나름대로 안을 만들었더라고요. 그래서 아무래도 그것은 약간 감각이 있어야 되잖아요. 다행히도, 그래서 다행히도 제가 거기에 참여하게 돼서 참 다행이라 생각하는 거죠. 그래서 어차피 다영이, 다영이도 고 시기에 나와서 이게 시기가 적절했던 거죠. 제가 그쪽 기본 틀을 갖추는 거, 기록단 기록하는 거하고 법률지원단 활동을 할 수 있게 기본 틀을 만들었던 거하고, 유경근 대변인이 이제 대변인 역할을 잘해준 것, 그런 것이 전체적으로 볼 때는 큰 중심을 잡아나가는 하나의 과정이었죠, 처음에. 그것이 핵심이었죠.

면담자　　　박근혜 대통령이 여기 분향소에 한 번 왔었잖아요.

다영 아빠   그쵸, 네. 한 번 왔었죠.

면담자   네. 아침에 일찍 다녀갔는데요, 그때 가족분들은 박근혜 대통령이 온다는 건 다 알고 계셨나요? 대책위 분들도요.

다영 아빠   알고 있었죠. 알고 있었고, 그런 상황에서 조문하는 거를 우리가 뭐라고 할 수 있는 상황이 아니었기 때문에 그냥 뭐 "알아서 하라"고 얘기했던 그런 거죠. 근데 그것도 제대로 못 하고 연출을 했더라고요.

면담자   그럼 애초에 기대가 있었던 건 아니네요.

다영 아빠   그렇죠. 애당초 그거 크게 신경을 안 썼던 거고…. 5월, 5월 6일인, 9일인가 KBS 그때 갔었잖아요.

면담자   네, 5월 9일에 김시곤의 망언을 규탄하기 위해 유가족들이 항의 방문을 했었죠.

다영 아빠   거의 뭐 법률지원단이 거의 조직될 시점에서 돌발 상황이 발생을 해서, 분향소에서 이제 바로 [KBS] 보도국, 보도국 직원들이 와서 조문하는 과정에서 이제 붙잡아 놓고 항의를 했었던 거죠, 그때 보도본부장[의] 발언 때문에. 그러다 우발적으로 이제 KBS 항의를 그때 갔었고요. 그때 이제 법률지원단도 KBS에서 다 합류를 했었어요. 여기서 만나서 간 게 아니라, 공식적으로는 그게 첫 활동입니다.

면담자   아, 법률지원단의 첫 활동이 KBS 항의 방문 갔을 때였군요.

다영 아빠   네. 그때 다 이제 변협이고 민변이고 다 거기 와가지고 그 역할을 했어요, 거기서. 중간에 대화할 수 있도록 처음으로 했고요…. 그 전에 이제 우리 내부에서 특검 문제들이 약간 논란이 됐었던 적이 있어요.

면담자   특검을 하느냐 마느냐로 논란이 있었던 건가요?

다영 아빠   특별법의 싸움으로 가야 되는데 일부 부모들은 이제 "특검이라도 해서 이걸 좀 파헤쳐야 된다"[라고 주장을 했었어요]. 특검에 대한 걸 잘 모르기 땜에 이제 그랬던 거죠. 〈비공개〉 그 당시에 황필규 변호사, 배의철 변호사 주로 이제 둘이 많이 법률지원단 할 때 같이 얘기를 많이 했었거든요. 그래서 가는, 가는 사람을 다시 오라고 해서 총회 때 그거 설명 좀 해주라고, 특별법, 특검 그다음에 국정조사 이런 것들에 대한 차이점 이런 것들을 설명 좀 해달라고 요청을 해가지고 자연스럽게 특별법으로 가게 하려고 했었는데, 그 사람들도 그런 정황이 없었는지 그 설명을 좀 명확히 못 하고, 변호사들이 원래….

면담자   말이 어렵죠.

다영 아빠   말을 어렵게 쭉 얘길 하잖아요.

면담자   중언부언하기도 하고요.

다영 아빠   네. 그걸 가족들한테 쌈박하게 "특별법, 특별법으로 가야 됩니다" 딱 하고 특검의 한계, 국정조사의 한계 얘기하고서 몰고 가면 간단한 건데, 그렇게 하기로 하고, 내가 전화로 얘기까지 했거든. "그렇게 좀 해줘라" 했는데, 막상 딱 무대에 올라가서 얘기하는 거는 그냥 쭉 설명만 나열해서 하다 보니까….

면담자　　　이건 이거고, 이건 이거고.

다영 아빠　　　네. 이거 이거의 장단점, 이거 장단점, 장단점 하니까 가족들은 그걸 판단할 수 있는 능력이 안 되지. 그래서 한동안 혼란스러웠던 적도 있었어요, 초기에. 그러다가 이제 KBS 갔고 거기서 청와대 앞까지 가서 싸움을 하면서 어느 정도 방향이 그때 좀 잡혔죠, 우리가 할 수 있는 방향이.

면담자　　　그게 몇 월쯤인가요?

다영 아빠　　　5월.

면담자　　　5월 달이요?

다영 아빠　　　5월 9일일 거예요, 5월 9일. 5월 9일, 10일? 처음으로 우리가 서울에 갔던 거고요. 영정 사진 들고 갔죠, 청와대 앞에서 농성을 하면서 대통령 요청, 면회 요청했고. 그때만 해도 뭐 이제 지역에 전해철, 전해철 의원이라든가 뭐 이런 사람들이 청와대 정무수석하고 서로 협의해 가지고 일단 대화할 수 있도록 노력은 했어요, 그때도. 정무수석하고 청와대 가서 해가지고 대통령하고 "면담을 주선을 해보겠다" 이런 약속도 받아냈고, 거기서 KBS 사장 오라고 해서 사과도 받아냈고 그랬죠. 사실 뭐 KBS 사과, 사장 사과 받아낸 것도 이런 전례가 없었거든요. 그 정도로 그때만 해도 정부에서는 좀 당황을 했고, 어떻게든지 좀 무마를 하려고 노력을 했던 것 같아요, 그때만 해도.

면담자　　　그러다가 7월 보궐선거가 있었잖아요.

다영 아빠　　네, 그래서 5·30 보궐선거가 있었잖아요[국회의원 보궐
선거는 7월 30일. 이하 선거에 대한 이야기는 보궐선거가 아니라 6월 4일
지방선거를 말하고 있는 것으로 보임]. 그것 때문에 얘들이 저기를 했
죠, 대통령 면담을 주선했던 거죠. 그래서 5월 16일 날 그때 면담을
했어요. 청와대 그때, 그것도 얘들은 다른 사람들은 다 만났는데, 대
국민 담화를 하기 위해서, 근데 정작 유가족들은 만나지 않은 거예
요. 그래서 구색을 맞출라고 사실은 그때 했던 거예요, 큰 의미가 있
었던 게 아니고. 대정부 성명을 발표해야 되는데 유가족도 안 만나
고 이제 하는 게 지들도 '모양새가 안 맞다'고 생각했던 거죠. 그렇게
해서 갑자기 이제 우리 김병권 위원장한테 연락이 왔고 하기로 했는
데, 비밀리에 그냥 임원들 몇 사람만 비밀리에 하기로 처음엔 얘기
가 됐었어요. "그건 아니다" [하고] 이제 틀었죠, 저하고 몇몇 사람들
이. "이건 공개적으로 해야 되고 결과에 대해서 저기 반드시 기자회
견도 하고 알려야 된다" 그리고 또 한편으로 "우리만 가면 쟤들한테
논리에 말려드니까 변호사도 입회해서 해야 된다" [하고 이야기를 해
서 틀었어요]. 그렇게 [논의를 한 다음 청와대와] 일정을 했었고. 그쪽한
테 조율을 했죠. 그쪽이 원하는 바는, 다 나가리 시키고 조율을 해가
지고, 일단은 변호사 들어가는 건 안 되고, 나중에 거기서 기자회견
까지 하고 그건 하는 건 허용이 됐죠. 그렇게 해서 저희가 이제 17명
인가 갔죠.

면담자   혹시 보궐선거 결과 때문에 좀 이렇게 사기가 떨어지고
그런 건 없었나요? 저처럼 밖에 있는 사람들은 거의 멘붕이었거든요.

다영 아빠   저희도 그때 충격을 많이 받았죠. 그래서 그 뒤로 대
통령이 면담하면서 약속한 것들 다 지켜지지 않았고 막 그랬잖아요.
사실 실망을 엄청 많이 했죠, 저희도. 걔들이 선거 이용했던 것이고,
그때만 해도 야당, 야당 의원들도 계속 우리와 함께 같이하면서 약속
도 많이 했고요, 분향소도 많이 찾아오고 막 그렇게 했었죠. 5월 30일
선거 치르고 나서 이제 쟤들이 이긴 다음에 그때서 이제 생각이 달
라진 거예요, 그래서 이게 안 됐던 거예요. 그래서 이제 싸움을, 싸
움을 저희가 해야 되기 때문에, 그래서 거의 100일 앞두고 7월 24일
이 100일이었을 거예요. 그래서 7월 12일 날 우리가 국회를 치고 들
어가기로 마음먹었던 거죠. 단식하면서 12일 날 국회 들어가고 14일
날 광화문 거기 [이순신 동상 쪽] 자리하고 농성을 동시에 양쪽에서 했
던 거죠, 그때. 그 전까지도 전혀 쟤들이 반응이 없었으니까.

면담자   그럼 7월에는 보궐선거 이후에 뭔가 돌파를 해야겠다
는 절박함이 있었던 거예요?

다영 아빠   그 뒤로 이제 반응이 전혀 없었으니깐요. 특별법에 대
해서도 전혀 관심이 없었고 심지어는 국정조사 하는 거에 대해서도
미온적이었거든요. 그래서 7월, 7월 1일인가 그때부터 국정조사
를 시작을 했어요[6월 30일부터 세월호 국정조사가 12일간 진행됨]. 그
렇게 해서 그때 노력은 여야가, 여야가, 여·야·가족이 3자가 협의해
가지고 '서로가 페어플레이하고 국정조사를 최대한 노력을 해서 밝

다영 아빠 김현동

히는 쪽으로 같이하자' 이렇게 약속까지 하고 대국민 기자회견까지 했었어요, 국회 정론관에서. 그렇게 하고 국정조사 시작했는데 이제 시작하면서부터 막 트러블이 생겼죠, 계속 이제.

면담자   의원 막말도 나오고요.

다영 아빠   감시, 우리도 감시하고 그랬었는데, 막말해 대고 이제…, 조류, 조류독감 얘기하면서 비하도 하고 막 이제 그때 그랬던 거죠. 그래서 '야, 이놈들 이거 안 되겠다' [싶더라고요]. 국정조사도 그냥 형식적으로 할라 그러고, 증인 채택하는 거부터 시작해서 이게 다 안 됐잖아요, 형식적인 거고, 계속 헛돌기만, 겉돌기만 하고. 그래서 '뭔가를 강력하게 하지 않으면 안 되겠다' 싶어서 그때 '7월 24일 날 100일 안에 하여튼간 특별법 이거를 마무리 지어야 되겠다' 그때 생각을 하고 압박을 했던 것이죠, [그래서] 12일 날 광화문, 국회에서 단식을 했고, 그다음에 14일 날 광화문에서 했고. 말하자면 국회에서는 다영이, 다영이 엄마도 그때 단식에 참여해서 한 10일 정도 단식을 했어요, 다영이 엄마도. 돌아가면서 계속했거든요. 이제 광화문에서 유민이, 유민이 아빠가 끝까지 버텼던 거고. 어떻게 하다 보니까 마지막에 유민이 아빠만 남아서 아주 그야말로 주목을 받게 됐고, 아주 핵심, 핵심적인 우리 가족이 됐던 거죠. 상징이 돼버리니까 빼도 박도 못 하고 계속할 수밖에 없는 조건이 됐었고요. 그런 속에서 교황 방문할 때.

면담자   네. 8월에 15일에.

다영 아빠   교황 방문 즈음의 그런 싸움들이 있었고요, 중간중간에 계속 이제 사람들 만나면서 특별법 제정하도록 협조 요청도 하고 그런 일도 있었고요.

면담자   촛불집회가 초반에는 시민사회단체 중심으로 가다가 여름 되기 직전부터 가족대책위 주최로 바뀌었잖아요?

다영 아빠   촛불이요?

면담자   저는 계속 서울에 있으니까, 가족대책위가 주최하는 첫 촛불집회라고 해서 그때 기억이 강렬하게 남았거든요. 6월인지 7월인지….

다영 아빠   아 그때 그, 그때 저기 7월 달이에요, 7월 달. 동혁이 엄마가 사회를 보고….

면담자   네, 맞습니다.

다영 아빠   그죠? 광화문 현판 그쪽에다가 무대 세워놓고 했었어요. 그때 처음으로 이제 우리, 그 전에도 우리가 저기 청계광장에서도, 우리 가족대책위가 집회도 진행하고 했었어요. 그때도 하고 몇 번 했었죠.

면담자   그 당시에도 궁금했던 건데요. '가족분들이 직접 주최하신다고 해서 시민사회단체들이 좀 소극적인가? 붙지 않는 건가?' 저는 이런 생각도 들었거든요. 그 당시에 대회협력 쪽에 계셨으니까 주변 단체들과의 관계, 반응들이 좀 어땠는지 궁금해요.

다영 아빠   붙고 있었죠, 있었고. 5월 9일, 10일? 그다음 10일인가 그럴 거예요. 5월 10일인가 안산에서도 이제 전국촛불대회를 했었어요. 그때만 해도 그때 이제 우리 유가족들 참여하기를 원했었어요. 근데 우리가 위원장도 그랬고 다들 사실 색깔 논쟁 때문에 외부 단체와 같이 연대하는 걸 그때 상당히 꺼려 하는 분위기였어요. 그래서 5월 10일 날도 안산, 안산대책위하고 몇몇 활동가들하고 이렇게 같이 만났는데, 제가 그 얘기를 했죠. "우리 가족들이 아직은 같이 참여할 수 있는 분위기가 아니기 때문에 이번에는 좀 못 하겠다" 얘기를 했어요, 그때 5월 10일 날. 그렇게 했는데 김병권 위원장을 비롯한 대책위도 "거기에 촛불 하는 데 절대로 가지 마라. 발언도 하지 말고 호소문도 읽지 말고 가지도 말라" 이렇게까지 했어요. 그 정도로 상당히 경계를 많이 했어요. 뭐라 그럴까 쫌 많이 쫄았죠. '오히려 그렇게 해서 색깔 논쟁을 해서 막 이제 정부에서 공격을 하게 되면은 우리가 진상조사 활동을 하는데 좀 방해가 된다, 불리하다' 이런 생각을 했어요, 우리 가족들이 대부분이 보수적이래서. 그래서 저도 그걸 알기 때문에….

면담자   그건 충분히 이해되고요.

다영 아빠   공식적으로는 이제 그쪽에 양해 구하고 "다음부터는 할 테니까 좀만 더 기다려봐라" 이렇게 하고 했었는데 그걸 무시하고 이제 몇몇 가족들이 참여해서 발언을 했죠.

면담자   아, 그게 대책위 차원에서?

다영 아빠   한 게 아니고.

면담자   한 게 아니고?

다영 아빠	그래서 그것이 이제 문제가 됐어요.

면담자	대책위 내에서요?

다영 아빠   네. 그래 갖고 동혁이 엄마, 동혁이 아빠가 그때 호소문 읽고 했는데 〈비공개〉 또 권영국 변호사[가] 그때 법률지원단 주도적으로 했었는데 그때 발언을, 발언을 했다 그래서 또 뭐 "법률지원단이 저런 사람이 다 있냐" 그래 가지고 가족들이 반발이 커 가지고 이제 권영국 변호사 한동안 가족대책위, 안산에 오지도 못했어요. 그때 언제야, 고 시기에 이제 민변에서 민변 중간 보고서를 여기 분향, 저기 뭐야 와스타디움에서 기자회견 하면서 발표를 했었거든요. 고 바로 시기, 고 바로 전후였, 그 후일 거예요, 아마. 5월 12일인가 아마 그럴 거예요. 그럴 때 권영국 변호사가 쫄아가지고 나한테 연락해서 "가족들이 또 행패 부릴지 모르니까 어떻게 좀 막아달라"고 했거든요. "아이 걱정하지 마시라"고, "그냥 하시라"고 하고서, 내가 미리 기자회견장을 미리 와가지고 혹시나 해서 대비해서 딱 했었는데, 가족들이 안 왔더라고요. 안 와가지고 그냥 기자회견만 그때 했었던 기억도 있어요. 아무튼 그 당시, 그 당시만 해도 가족들이 연대하는 거, 외부단체[와 연대]하는 거[를] 상당히 경계를 많이 했었어요.

면담자	그게 지금이랑은 좀 많이 다른가요?

다영 아빠   지금이야 이제 '더, 오히려 더 연대를 해야 된다' 그러고 다 따로 다니는데, 그때만 해도 이제 철저하게 외부, 외부단체하고는 안 하는 걸로 이렇게 방향을 잡았었어요.

면담자   분위기가 바뀐 계기가 있었나요, 아니면 자연스럽게 변한 건가요.

다영 아빠   그 계기가 이제 그 청와대, 아니 KBS 갈 때, KBS 가서 이제 변호사들 달라붙고 그다음 날 철야했잖아요. 철야하면서 또 자연스럽게 이제 권영국 변호사가 사회도 보고 발언도 하고 막 이렇게…, 또 발언도 아주 잘해가지고 아주 좋았어요, 분위기가. "아우, 권영국 변호사 저런 분이 우리 법률지원단 해야 된다" 그러고, 뭐 배의철이니 황필규니 주변에서 딱 활동을 하고, 거기서 시민분들 몇 사람들 발언도 하고 우리 가족들도 발언하게 하고, 이렇게 하면서 자연스럽게…. 권영국 변호사가 [대응을] 잘했었어요. 했는데 이제 하고 돌아와 갖고, 그날 저 [촛불]집회를 이제 또 그렇게 해가지고 발언을 하는 바람에, 그냥 뭐 "법률지원단[을] 저런 사람이 저렇게 하냐" 막 그러면서, 또 일부 보수언론에서 이제 그걸 또 깠어요. "세월호 법률지원단이란 사람이, 권영국 변호사가 거기서 촛불집회에서 발언을 하고 막 이랬다" 그러면서 이제 색깔 시비를 조금씩 하기 시작했었거든. 그니까 이제 가족들이 그때 민감했죠. 그때 KBS 갔, 청운동까지 가서 점수 딴 것을 권영국 변호사가 그때 발언하면서 그냥 까먹었죠. 그래서 그때 발언 안 하고 쫌만 더 했었으면 더 사실은 힘이 좀 됐죠. 근데 우리 권영국 변호사님이 또 그런 자기 나름대로의 자기 고집은 있어요.

면담자   그렇죠.

다영 아빠   원칙은 계속 고수하고 하는 분이고, 법률지원단 하는 과정에서도 "민변을 중심으로 해서 외곽에서 또 진상 규명 위원회를 조직해야 된다" 그 얘기도 하셨던, 그렇게 되면은 우리 가족이 통제하기가 어려운 상황이기 때문에 그건 안 하기로 했었, 했던 거죠. 〈비공개〉

면담자   2014년 가을쯤인가요? 한참 정부에서 배·보상안 흘릴 때가 있었잖아요.

다영 아빠   네, 네.

면담자   그 당시에 안산에서도 분위기가 변화하는 게 있었나요? 배·보상안 이야기가 돌면서요.

다영 아빠   금년, 2015년이죠. 금년 3월, 4월, [본격적으로는] 4월 이죠, 4월.

면담자   그 이전에도 언론에서 계속 흘렸으니까요.

다영 아빠   계속 흘리긴 했는데 금년 3월 달부터 한 것은 이제 특별법.

면담자   특별법 시행령.

다영 아빠   그 저희가 특별법 초안에 배상에 대한 원칙도 있었어요.

면담자   네, 네.

다영 아빠   저희 변협에서 작성한 거[에는요]. 근데 저희가 "돈 얘기가 나오면은 분명히 이거 가지고 애들이 역선전을 할 수 있다. 다

할 수 있다", 그래서 "돈 관련된 거는 일체 빼버리자"[라고 했었어요].

면담자   네, 네.

다영 아빠   그렇게 해서 아예 우리 특별법 안에는 그게 없었어요,
그러다 보니까.

면담자   네, 그런데 변호사들의 초안에는 그게 있었던 거네요.

다영 아빠   네, 변호사들이 거기다, 초안에다 넣었었어요. 근데
우리가 가족협의회[에서] 논의하는 과정에서 "배상 이런 얘기만 들어
가도 이건 나중에 문제가 될 수 있으니까 빼자". 판단을 잘한 거죠.
그거 다 뺐어요. 그래서 하다 보니까 특별법이 만들어졌는데 실제로
그런 배·보상 지원에 관련된 건 전혀 없었던 거예요. 그래 갖고 국회
에서 여야 간에 특별지원법을 또 새로 만드는 거예요. 그게 이제 추
모 사업하고 안전 사업하고 배·보상 사업하고 이게 이제 같이 돼 있
던 거거든요. 그래서 그것을 이제 만드는, 시행령 만드는 과정이었
어요, 그때가. 그러면서 그 시행령이 국무총리 산하에 국무조정실장
이 위원장이고 그 산하에 위원들을 두는데, 거기에 변협도 와야 되
고, 공무원도 들어오고, 민간전문가들 이렇게 쭉 구성을 하는 과정
이었었고, 거기에서 걔들이 방향을 잡을 때 배상 얘기들을 거기서
많이 얘기했던 것이죠. 그걸 많이 강조를 했던 거죠. 그러다 보니까
국민적으로 배상에 대한 관심이 많았던 거고, 걔들이 그걸 계속
공격을 했던 거죠. 돈으로 계속 포장을 해서 가뜩이나 특별법 싸움
하면서 나오니까, 저기 뭐야 자기들이 힘들었는데 그걸 통해서 이
제 역선전한 거죠. "저 사람들 시체 장사한다"는 얘기도 하고 뭐 그

런 얘기 막 했던 거죠. 그래서 아예 파렴치한, 파렴치범으로 몰아서 우리가 4월 초에 삭발하면서 대응을 했던 거죠, 그때.

면담자   네, 그런데 현재 가족분들이 정부 대상으로 소송 거는 거요. 이건 앞에 말씀하셨던 것과 어떻게 연결해서 이해해야 하는 걸까요?

다영 아빠   그게 이제 특별지원법에 의해서, 특별지원법. 그 특별법이 있고 특별지원법이 있어요.

면담자   네, 네.

다영 아빠   특별법은 진상조사, 그다음에 안전 사회를 위한 법제도 개선 문제, 그리고 피해자 지원 관련된 거 이 세 가지예요. 그런데 이 피해자 지원에 대한 구체적인 안은 여기서 못 해요. 그래서 별도로 특별지원법을 만들었고 거기 시행령을 만들어서 국무조정실 산하에 그 위원회가 있어서 거기서 그걸 다루거든요. 거기서 지금 이제 배·보상 원칙도 다 정해놓고, 법으로 다 정해놓은 거기 때문에 그걸 뭐 우리가 번복할 수 있는 상황은 아니에요. 그래 그 시행령이 잘못됐기 때문에, 그럼 그 일정대로 그냥 가고 있는 거예요 거기서. 그래서 뭐 거기선 나름대로 원칙을, 배상 금액까지도 다 정해놓은 이런 상황이기 때문에 법적인 절차가 진행되고 있는 거죠. 그래서 6개월 기한을 두고 배상 신청하는 기간이 되고 있고, 9월 말까지가 시한이에요, 그래서 많은 부모들은 거기에 신청을 해서 지금 배상을 받은 부모도 계시고. 근데 현재 한 140여 가족들은 '그 일정에 안 따르고 우리는 국가소송으로 가야 되겠다' 마음먹어서 지금

소장을 제기하고 그렇게 이제 진행을 하고 있는 거죠.

면담자   그럼 국가소송으로 가는 분들은 어쨌든 시행령 자체에 대한 문제 제기를 하고 있는 거죠?

다영 아빠   그렇죠. 그 절차가 예를 들어서 '사람이 죽었는데 그 배상액을 기간을 정해놓고 받아 가고 그 기간 지나면 못 주겠다' 말이 안 되는 거잖아요. 그래서 그건 전에 헌법소원도 제기해 놨어요, 저희가 그 문제에 대해서. 그건 문제가 되잖아요. 근데 그게 전에 한 번 판례가 있었던 모양이에요, 그게. 그래서 고 기간을 정해놓고 해 가지고 지금도 이제 6개월로 정해놓은 것이 이게 사실은 말이 안 되는 거죠. 그것도 국가배상으로 하는 건데, 그럼 진상 규명을 해서 국가의 책임 정도에 따라서 이 금액이 달라지고 그러는 거잖아요. 근데 지금 그것도 전혀 밝혀지지 않은 상태에서 "[기간을] 정해놓고 받아 가라" 이것은 앞뒤가 안 맞는 것이다 그런 것이죠.

면담자   4·16연대도 우리는 진상 규명을 위한 것이라고 분명하게 앞에서 밝히더라고요.

다영 아빠   그게 저희 입장이죠.

면담자   소송을 제기하더라고요.

다영 아빠   그러니깐요. 국가소송을 통해서 그런 법률적인 책임뿐만 아니라 정치적인 책임 이런 것들을 이제 다 저희가 캐물어야 되는 것이죠.

면담자   지난 1년 반 동안 이런 국면에서는 특별히 힘들었다,

그럴 때가 있었나요?

다영 아빠 제일 난감했던 게 7·30 [국회의원 보궐]선거 있었잖아요?

면담자 네.

다영 아빠 그때 그니까 5·3?

면담자 5·30 선거요?

다영 아빠 5월 30일[6월 4일]은 이제 지방선거였고, 7·30은 이제 국회의원 선거였어요. 국회의원 보궐선거였다고요, 그게. 근데 그때 광화문에 있을 때, 저기 뭐야 국회에서 농성을 하고 있을 때어요. 상당히 지쳐 있고 뭐 진짜 정부에서 막무가내로, 아니 저 새누리당에서 막무가내로 그냥 막 하던 시기였고, 엄청 마타도어[상대방을 중상모략하고 교란시키기 위한 정치가들의 흑색전선]를 많이 하던 그런 시기였어요. 그때는 이제 김무성이까지 나타나 갖고 막 공격을 했던 그 시기[였어요].

면담자 네, 김무성이 반바지까지 입으며 선거운동 했던 때죠.

다영 아빠 그러면서 이제 또 한편으로는 다들 선거 지원 가느라고 국회의원들도 다 빠져나가고 막 이런 게 진짜 국회가 썰렁했던 고 시기였어요. 그때가 제일 힘들었죠. 그래서 생각했던 것은 그 저기 사당동[동작구]에 여자 국회의원 나왔었잖아요, 새누리당에. 누구야 저기 서울시장 나왔다가. 누구죠? 네?

면담자 나경원이요?

다영 아빠   나경원, 어. 나경원 후보가 거기 나왔었고 이쪽 반대쪽에 노회찬이 나왔었잖아요.

면담자   아 네, 맞습니다.

다영 아빠   〈비공개〉 그때 거기서 [진상 규명을 위한] 서명하고 차량, 차량 뭐 틀어놓고 하다가 그쪽 유세 팀하고 충돌이 발생했었거든요.

면담자   나경원 쪽하고요?

다영 아빠   네. 그때 이제 이슈화시킬려고 한 것도 있었죠, 그쪽이 방해를 했으니까, 서명도 방해하고. 나는 그때가 제일 힘들었고, 진짜 앞이 안 보였던 시기였어요. 그러다가 이제 선거가 완전히 걔들이 이겨버리니까 이젠 그야말로 완전히 쟤들은 이쪽에 신경을 안 쓰고, 진짜 앞이 안 보이는 그 시기였어요, 그때가. 그러다가 교황이 온다는 얘기 듣고 '교황한테 의지해서 마지막에 한번 해야 된다' 이거, 그때 사실 절박했던 상황이 있었어요. 유민이 아빠도 그때 단식이 오래 길어지면서 힘들어진 상황이었고, 계속 우리 그때 광화문에 집중했던 시기였죠.

면담자   그럼 광화문에서의 오랜 단식과 집중이 다 그 시기의 절박함에서 비롯된 건가요?

다영 아빠   그렇죠. 처음에 단식은, 국회하고 광화문에서 단식했던 것은 저기 뭐야 100일, 100일 집회에 맞춰가지고 7월 24일 그때 맞춰갖고 집중해서 그때 끝내려고 했었던 것이죠. [근데 끝내지] 못했고, 못하고 나고 그다음에 선거 치르고 나니까 완전히 이제 절벽이죠, 절벽. 더 이상 이제 쟤들은 들어줄 이유도, 이유도 없고, 랄랄라 하는 시기였으니까. 그래서 이제 교황 오신다고 해서 '그걸 잘 어떻게 활용해서 해보자', 그때 절박하게 했었죠. 그래서 일정하게 성공을 했죠, 그게. 그러면서 조금씩 분위기 바뀌지고 하면서 이제 박영선이가 1차, 2차에 어떤 야합을 하게 만들었던 것이죠. 그 시점에서도 왜 야합을 했는지 사실은 지금도 궁금해요, 왜 야합을 했는지. 박영선이가 왜 그 당시에 가족들이 받아주지 않을 거[를] 알면서도 그렇게 했는지 궁금해요. 〈비공개〉

면담자   그런데 1주기를 준비하면서, 아까 말씀하셨던 시행령 문제가 생겨서 절박했잖아요. 그때도 영정 사진 들고 광화문까지 걸으셨는데요….

다영 아빠   근데 고 전에 작년 11월 달에 팽목에서 인양, 인양 문제가 나왔잖아요? 수색 중단 얘기가 나왔고. 그때 이제 "팽목, 팽목 철수하고 진도체육관 철수한다"는 얘기 있고 이래서, 그때 10월, 11월 그때는 거의 팽목에 집중을 했어요, 저희가. 그런 과정에서 수색 중단이 됐고 체육관 철수하고 다 팽목으로 다 왔고요. 그때 팽목도 전기고 뭐고 다 끊고서 막 애들이 안 하려고 했었던 거거든요. 그래서 우리가 스스로가 그 준비를 했었던 거죠, 자원봉사자들이 많이 도와주셨고. 처음으로 이제 팽목에서, 그때도 진짜 처절했어요. 제가 예를 들어서 거기서 사고 나고 애들 다 죽고 아직도 찾지 못한 사람들이 많이 있는데, 정부에서는 동절기 다가온다고 진짜 철수[를] 완전히 해버리고, 남아 있는 가족들 진짜 최소한의, 문명국가라 그러면은 피해 가족들[에게] 최소한의 의식주 문제들은 해결해 줘야 되는 거 아닙니까?

면담자 그렇죠.

다영 아빠 먹고 자는 문제들은 해결해 줘야 되는 것이죠. 근데 야박하게 다 철수하더라고. 안산시도 그렇고 진도, 진도군도 그렇고 예산 없다는 핑계로 다 철수해 버렸어요. 그래놓고 걔들 약속은 "수색 중단하면 바로 인양 이거 해서 하겠다" 얘기했는데 이미 그거는 뭐 사고 직후부터 인양 얘기했었고, 그걸 핑계로 수색 중단을 요구했었는데, 막상 중단하고 나니까 이제는 인양 얘기도 나 몰라라 해버리고, 다 철수해 버리고, 진짜 황량했어요, 그때. 그때도 진짜 앞이 안 보이는, 이게 진짜 어떻게 될지 모르는 싸움이 그때 막막했었던 거죠. 그러고서 이제 지나면서 또 특별법, 이제 시행령 얘기 나오고 특별조사위원회 뭐 이런 얘기 나오고 오는데, 금년 3월, 4월 달 1주기 거의 다가오는 상태에서 얘들이 먼저 특별지원법에 의한 그런 배상 얘기들 먼저 막 거론하고, 심지어는 기존의 복지 프로그램에 의해서 특별재난지역에 지원해 주는 프로그램들도 다 세월호 가족들에게 어떤 특혜로 주는 것처럼 다 얘기를 해버린 거예요. 그것은 어느 저기 뭐야 태풍이 와도 그렇고 홍수가 와도 그렇고 그거는 재난이 발생하면 그건 기본적으로 주는 프로그램들이에요. 근데 그거를 뭐 세월호 가족들만 더 요구해서 주는 것처럼….

면담자 그렇죠.

다영 아빠   가족들이 그 정도까지도 바라고서 얘기했던 것처럼 막 이렇게 완전히 몰아버리니까 진짜 황당했던 것이고, 거기서 우리가 '새롭게 국면을 만들지 않으면 안 된다' 생각해서 이제 삭발을 하면서 영정 사진 들고 상복 입고 행군을 한 것이죠. 아주 절박했던 거죠. 그래서 그렇게 하면서 또 사실 모면하기도 하고, 우리 가족들도 그걸 계기를 통해서 또 하나로 뭉쳤고…, 그런 과정들이 있었고요. 그다음에 이제 5월 달, 5월 초에 시행령이 강행 처리가 됐잖아요.

면담자   맞아요.

다영 아빠   5월 1일, 2일 마지막 집회를 했고, 그리고 4월 16일, 4월 18일, 5월 1일 큰 투쟁을 했잖아요, 그런 속에서 많은 사람들이 잡혀갔고. 그럼에도 불구하고 박근혜는 5월 초에 시행령을 강제, 강행 처리해 버렸잖아요. 그러면서 또 다른 무력감[을] 느낀 거죠, 시민들도 그때 많이 떠났고. 또 한편으로는 4·16연대가, 그니까 국민대책회의죠, "국민대책회의가 싸울 의지가 없다", "계속 좀 행사 위주로, 행사하는 식으로만 싸움을 하고, 싸움하는 척만 한다" 그런 문제 제기를 많이 하면서, 약간 행동을 더 해야 된다는 [입장을 가진] 시민들이 많이 떠나갔어요, 광화문에[서]. 그 뒤로는 광화문에 많이 모이지를 못했어요. 500명 이상 넘어간 적이 없어요. 여전히 지난 500일 [동안] 투쟁을 했잖아요. 그때도 마찬가지로 서울역에는 그래도 많이 모였어요. 많이 모였는데, 저녁에 이 광화문에 문화제 할 때는 다 가버렸어요. 뭔가 싸움을 기대했는데 싸움을 하지 않으니까 다 떠난 그런 상황이 된 거고…. 그래서 광화문도 상당히 썰렁해졌고 전 국민적인 세월호 싸움이 그때 이제 거의 진행이 안 됐고 정지된 상태였어요. 그러다 보니까 가족들도 상당히 무력감 느끼고 '이제 앞으로 또 어떻게 싸워야 되느냐' 이 고민이 많았어요.

그럴 때 우리가 돌파한 게 '이제 우리가 애 잃고 정신 넋 놓고 있으면 안 된다. 우리가 이제 공부를 해야 된다', '공부를 해서 우리가 이 현실 문제도 더 많이 알아야 되고 진상 규명에 대해, 과정에 대해서도 더 많이 알아서 우리가 스스로가 공부하고, 이제는 우리가 국민들을 조직하지 않으면 안 된다' 그런 어떤 절박한 문제의식이 있었어요. 그래 가지고 이제 엄마들 모임, 아빠들 모임[을 만들어서] 비공식적으로 공부를 하기 시작했어요. 그 힘이 이제 현재 되어 수요일 날 [아빠들을 대상으로] 교육하지 않습니까, 제가. (면담자 : 네) 그 교육으로 모아졌고, 또 그런 것이, 그런 얘길 듣고 이제 자극을 받아서 여러 군데에서 공부를 하기 시작했어요. 기억저장소 이쪽에서도 김익한 교수님이나 이런 분들이 또 이제 학자들 불러갖고 그런 강의 교육도 계속 진행했구요.

암튼 그것도 분위기를 우리가 이렇게 좀 잡고 나갔고, 조직적인 측면에선 그 당시에 참 적시에 제대로 잘했고, 그 힘들이 지금 이제 한 140여 가족 소송으로까지 가는 힘으로 가고 있어요. 그리고 대외협력 거기에 교육도 계속하면서, 상대적으로 지금 흩어져 있고 참여, 아주 활동력 뜸해져 있는 각 지역의 풀뿌리 모임들 이제 그것들을 우리 가족들이 지금 다니면서 오히려 더 격려하고 계속 또 해주기를 바라고 있으면서 서로가 연대를 하고 있어요. 그래서 고 시행령 강행 처리되고, 가족들이 그런 말하자면 자발적이고 창의적으로,

그런 부모로서 절박한 그런 마음으로 이렇게 했던 것이고….

　미수습자 가족들 같은 경우도 다윤이 엄마라든가 은화 엄마 중심으로 해서 '직접 나서서 하지 않으면 안 되겠다' 생각해서, 계속 청원운동하고 홍대하고 피케팅 계속 진행을 했던 것이고요. 〈비공개〉 그래서 우리 가족들이 이제 자발적으로 돌아가면서 계속하면서 다른 시민들한테 그쪽 도움 요청하고, 그러면서 계속 지금 그쪽에 힘을 실어서 하고 있는 것이죠. 그나마도 이제 홍대[에서] 피케팅하면서 쪼끔씩 분위기를 띄우고 있는 그런 과정들에 있던 것이죠.

면담자　　　그럼 아버님은 '앞으로는 좀 더 교육 중심, 장기적이고 조직적으로, 더 풀뿌리로 가야 한다' 이렇게 판단하고 계시는 건가요?

다영 아빠　　　어차피 저희들은 이게 장기전이 될 수밖에 없고, 그거 하기 위해서는 크게 특별조사위원회 활동이 제대로 돼서 진상 규명이 거기서 돼야 되고, 그다음에 가족들이 똘똘 뭉쳐서 계속 활동을 해야 되구요. 그다음에 '국민들도 마찬가지로 작년에 거의 600만 명 이상의 서명을 받아서 특별법 싸움을 같이했고, 전국 곳곳에서 촛불, 서명, 피케팅했듯이 그런 것들이 계속 이어져야 된다', '어디 하나가 힘이 약해지면 안 된다' 생각을 하는 거예요. 그래서 핵심 활동이 그런 가족들 조직 활동, 그리고 각 풀뿌리 모임들하고 연대활동, 그리고 특별조사위원회 활동, 그 진상 규명 활동, 이 세 가지가 가장 핵심적인 초점이 되는 것이고, '가족들을 조직하기 위해서는 우리가 이제는 울면서 그냥 호소하는 것은 지났다. 우리가 스스로가 이제

무장을 해야 된다. 현실 문제에 대해서도 관심 갖고 더 공부를 해서 많이 알아야 되고, 또 진상 규명 세부 과제에 대해서도 우리가 공부해서 더 알아야 되고, 그래서 어쨌든 그런 힘이 있어야 가족들의 힘도 더 나고 더 오래 장기간 견딜 수 있는 그것, 힘의 원천이 된다' 생각을 하는 거죠.

'만약에 우리가 그런 공부를 하지 않으면은, 어느 누구나 마찬가지겠지만 야 이거 계란에 바위 치긴데 이거 되겠어? 하면서 의지도 꺾이고, 다시 일상으로 돌아갈 수밖에 없는, 근데 그런 상황에서 돌아간다 그러면은 우리, 우리 피해자 가족들은 더 상처도 될 것이고 평생 한이 될 것이다' 그런 생각을 합니다. 그래서 '오히려 진상 규명 싸움을 더 적극적으로 해야 더 건강해지고, 또 실제로 그럼 진상 규명도 되고 우리 사회가 안전한 사회가 될 것이다' 저는 그렇게 생각을 하고, '그것은 교육이다' 그런 생각을 하는 것이죠.

면담자   대책위 차원에서도 아버님 말씀과 비슷한 준비를 하고 있나요?

다영 아빠   그래서 이제는 그런 것이 좀 더 다양해졌어요. 그래서 4·16연대에서도 일부의 그런 움직임이 있고, 그래서 4·16연대가 가족대책위 임원들을 움직여서 이제 내부의 그런 공부하는 분위기로 만들어가고 있는 과정이죠. 그래서 뭐 "임원회의 하기 1시간 전에, 1시간이나 30분 전에 다른 공부를 좀 한다, 한다"는 얘기도 있고, "전체총회 하기 전에 다른 그런 공부 프로그램을 만들어서 하자"는 얘기도 있고, 등등 다양하게 지금 움직임이 있죠.

5
참사 이후의 싸움이 삶에 미친 영향

면담자   그럼 참사를 기점으로 아버님의 살아가시는 방향이나 사회에 대한 관점이 변화한 게 있었나요?

다영 아빠   제가 운동을 했었는데, 그 전 4·16 바로 직전에는 제가 안산 경실련 시민사회운동을 좀 했었고, 또 안산, 안산시에 뭐 예산참여주민위원회가 있어요, 거기에서도 제가 2005년도부턴가? 2005년도부터 한 4년 정도 예산감시 활동도 하고 사실 그랬어요. 근데 지금 운동이 상당히 뭐라 그럴까 관성화돼 있고, 그야말로 좀 어떤 제도권 안에서 기생하는 형태의 그런 운동, 그런 거잖아요. 그것은 어떻게 보면 '87년 이후에 어떤 형식적인 민주주의에 대해서 너무 신봉하는 것 같고 너무 거기에 추수하고 있다. 그건 아니다' [하는 생각을 했어요]. 그런 과정에서도 계속 뭐 노동정책부터 시작해서 계속 이게 쟤들 의도대로 가고 있는 그런 상황인데, 시민사회운동, 기층 민중운동은 거의 없어지고 학생운동도 없어지고, 유일하게 남아 있는 시민운동조차도 그렇게 추수해서 가는 그런 모습을 계속 봤거든요. '그거 가지고는 참 힘들다', '점점 더 어려워진다'[고] 생각을 많이 하게 됐어요.

왜냐면 제가 2007년도에 제가 사업을 했었고, 사업도 실패해 가지고 비정규직도 해보고 이것저것 일을 많이 해봤거든요. 노가다도 해보고, 해서 다시 이렇게 돌이켜 보니까 피부로 느끼는 것은 '점점 더 살기 어려운 조건으로 가고 있다' 이런 생각을 좀 많이 했어요.

그래서 '야, 이건 아니다' 했는데 4·16이 터지면서 이게 내 일이 돼버렸잖아요. 그러면서 이제 1년 동안 다 다니면서 노숙도 하고, 그다음에 간담회도 하고, 많은 사람들 만나고, 또 과거에 활동했던 사람들도 많이 만나고, 새롭게 활동하는 분도 많이 만나고 이렇게 하면서 느끼는 것은 그거죠, '이제는 다시 전열을 가다듬고 싸워야 된다'. 물론 지금은 나는 이 세월호 진상 규명을 위한 싸움이지만, 이것이 우리 사회의 어떤 총체적인 구조적인 문제에 대해서 말해주고 있더라고요, 이 세월호가. 그래서 '이 세월호를 더 알려나가고 이 싸움에 같이 끌어들이는 것은 곧 이 사회의 전체적으로 구조를 개혁하는 싸움이 된다' 그런 생각을 하고 있는 거죠.

그러면서 '그런 시민사회운동의 방식들을 탈피해서 더 힘 있게 이제는 싸워야 된다' 생각을 하는 것이죠. 그래서 지금 사실 4·16연대하고도 사실은 그런 면에서 좀 차이가 있어요. 그쪽도 인권운동 하는 사람들이 중심으로 하다 보니까 투쟁력이 떨어져, 떨어지고, 행사 방식으로 모든 걸 다 해요. 말하자면 이벤트성 행사? 내지는 뭐 프로젝트 하나, 하나 진행하는 것처럼 이렇게 진행을 하더라고요. 그것은 '그렇게 해갖고는 힘 있는 싸움이 안 된다. 그리고 이 세월호 이걸 갖고 이 아픔을 같이하면서 공감하면서 싸웠던 국민들을 이끌어낼 수 있는 지도력은 아니다' 이제 그런 생각입니다. 그래서 '작년에 같이 아파하면서 싸웠던 국민들, 그 사람들을 어떤 식으로 이끌어야 다시 이게 따라올 수 있을까 생각할 때는 일정하게 좀 투쟁의 방향을 제시해 줘야 된다'고 [생각하고 있어요].

면담자   그러면 어쨌든 국민들의 열기가 사라진 것도, 국민들

129
•
2회차

에 대한 아쉬움보다는 지도력의 문제로 보시네요?

다영 아빠   그렇죠.

면담자   이런 걸 더 많이….

다영 아빠   그렇죠, 그렇죠.

면담자   보고 계신 거죠?

다영 아빠   그렇죠. 그러니까 예를 들어서 국민들 중에서 30프로
는 완전히 꼴통보수라고 보고, 30프로는 그래도 상대적으로 진보적
이거나 양심적이라고 보고, 40프로는 중간지대거든요. 이분들이 왔
다 갔다 하는 것이고 그래서 이 30프로 정도가 그동안에 열심히 했
던 것이고, 이 40프로 중에서도 많은 분들이 같이 이제 공감하면서
서명도 하고 참여했던 거잖아요. 그래서 어떻게 보면은 이제 이 40프
로를 우리 쪽으로 끌어들이기 위해서 노력을 해야 되고, 이 30프로
를 최대한 실천, 행동을 하게 만들어야 되는 건데, 지금 둘 다 다 뺏
기고 있는 상태거든요. 우리 활동 방향은, 그래서 이 30프로의 이런
사람들을 뭔가 좀 힘 있게, 힘 있는 실천 활동으로 끌어들여야 되고,
이 나머지 40프로가 우리 쪽으로 우호적으로 만들어야 되는 과정에
있다, 그런 것입니다.

그래서 '다양한 활동 중에서도 피케팅이나 서명, 또 간담회 이런
것들을 통해서 이제 이 40프로들을 최대한 땡기는 쪽으로 노력을 해
야 된다'[고 생각하고], 그래서 간담회도 이제는 좀 더 양심적인, 보수
적인 세력들 그쪽까지도 더 확대해서 얘기하려고 노력을 하고 있죠.

다영 아빠 김현동

그것은 곧 교회거든요, 교회, 성당.

면담자   네, 네.

다영 아빠   천주교 쪽은 전체 차원에서 움직이기 때문에 상당히
분위기가 더 좋아졌고 상당히 지금 그 흐름들이 좋아요. 근데 개신
교나 이쪽은 상당히 뿔뿔이 흩어져 있거든요. 그래서 현재 학생들
같은 경우는 상당히 분위기가 좋게 계속 가고 있어요. 근데 어른들
은 정작, 이제 이 40프로 어른들 중에서 상당히 우 쪽으로 가 있어
요, 반대편으로 가고 있거든요. '그분들을 끌어들이기 위해서는 이
제는 뭐 새로운 담론을 제시해야 된다' 저는 그런 생각인 것이죠. '그
동안의 특별법 싸움을 통해서 약간 과격한 이미지 이런 것들을 탈피
하면서 그런 사람들을 조직할 수 있는 방법이 필요하다' 그런 겁니
다. 그래서 폭을 좀 다양하게….

면담자   네. 조금 더 부드럽고 다양한 내용을 갖되 강한 지도
력을 갖고 있는….

다영 아빠   그죠. '강한 지도력을 갖고 일종의, 30프로의 투쟁력
이 가능하고 그렇게 원활한 이제, 약간 뭐라 그럴까 앞서가는 깨어
있는 시민들을 대상으로 한 그런 어떤 지도력도 보여줘야 된다' 그
런 겁니다. 그렇게 하기 위해서는 4·16연대가 그런 경험들이 없고
실제로 그런 실천력이 좀 약하죠. 그래서 '그분들이 이제 새롭게 바
뀌어야 된다' 생각을 하는 거죠. '다른 운동 조직들이 좀 바뀌어야 되
고, 가족들이 이제는 더 실력을 갖춰서 직접 나서서 그런 걸 주도해
서 해야 된다', '연대하면서 힘을 북돋워 주면서 그런 시민사회운동

이 잘될 수 있도록, 그게 좀 필요하다' 생각합니다. 그렇지 않으면은 가뜩이나 큰 이슈들이 많아서 이 세월호 이슈가 그냥 묻혀, 묻힐 수가 있거든요. 그래서 그런 노력들은 우리가 필요하다….

면담자   인터뷰를 진행하는 4·16기억저장소에 대해서도 이런 건 좀 아쉽다, 이런 생각이 있으실까요?

다영 아빠   글쎄 뭐 4·16연대, 아니 4·16기억저장소가 일정하게 원칙과 기준이 좀 있었으면 하는 그런 바람이에요. 그리고 '가족들한테 신뢰감을 주는 그런 활동이 됐으면 좋겠다'는 생각이 들고, '가족과 좀 더 폭넓게, 함께 힘 있게 하는 행사 그런 방향으로 만들었으면 좋겠다'는 생각이 들어요. 보면은 첨에는 기록, 기록단으로 해서 가족과 함께했다가, 고 다음에는 또 시민기록위원회라고 해서 별도로 따로 또 했다가, 또 기억저장소 만들어서 이제 가족 조직에 들어와 있잖아요?

면담자   네, 네.

다영 아빠   그렇게 하면서도 또 한편으론 시민기록위원회 형식으로 해서 또 지금 진행을 하고, 또 일정 기간 흐르면은 또 시민기록위원회도 이제 거의 흐지부지돼 버렸고, 이제 그냥 4·16기억저장소 실무자 위주로 또 이제 하나의 단체가, 외부단체가 하듯이 또 그냥 그렇게 행사를 진행하고 있고, 그러면서 이제 정작 가족들은 거기에 아주 적극적으로 참여를 못 하고 있고, 실제로 홍보도 잘 안 되고 있고, 따로따로 놀고 있는 상황이라고 보고요. 〈비공개〉 상당히 뭐라고 할까, '가족과 상당히 떨어져 있는 상태로 지금 계속 가고 있다'고 보

다영 아빠 김현동

거든요. 그러면은 오히려 '많은 일들을 하고 중요한 일임엔 틀림없고, 반드시 또 해야 됨에도 불구하고 가족들의 참여가 점점 저조해질 수밖에 없는, 이렇게 간다[면] 그것은 서로가 도움이 되지 않는다' [고] 저는 생각을 합니다. 심지어는 공동체 회복, 공동체 마을 만들기 운동을 한다고 진행을 했는데 그것이 너무 좀 조급하게 하다 보니까 몇몇 가족 중심으로밖에 한정돼 있고 또 확산이 되지 않고 있잖아요. 그것도 '거기 참여하는 가족하고 참여하지 않은 가족들하고 이게 서로 이제 갈등이 지금 조성이 되고 있고, 또 거기에 하는 분들이 실제로 이쪽 가족대책위 활동에 또 적극적으로 참석 안 하고 오히려 더 멀어져 가고 있는 상황이 된다', 말하자면 이제 '가족대책위 방향하고는 오히려 거꾸로 이제, 사실은 그런 외부의 활동들이 힘을 받아서 이 내부의 활동에 플러스 작용으로 해야 되는데 오히려 마이너스 작용으로 하고 있다'[고] 나는 [보고 있어요].

면담자   모아지기보다 되레 더 파편화돼 간다는 말씀이시네요?

다영 아빠   그러니깐요, 네. '분열을 조장하고 있다' 저는 생각을 하는 것이죠. '그렇게 되면 안 된다' 생각을 하는 겁니다. 그래서 좀 걱정이 돼요. 그것뿐만 아니라 뭐 다른 '온마음센터'도 있고 뭐 '이웃'도 있고 다 있는데 '그런 외부 지원 단체나 그런 활동가들이 그런 관점에서 다시 한번 점검을 할 필요성이 있다'[고] 저는 생각을 합니다.

면담자   이제 마지막 질문인데요, 앞에 얘기 나왔던 진상 규명, 선체 인양 등등의 목표들이 달성된다면, 아버님은 그 이후에 어떤 삶을 살고 싶으실까요? 계속 운동 쪽을 고민하시는 건지, 아니면 다른 삶을 생각하시는지.

다영 아빠   근데 그게, 그게 될까요? 빨리 됐으면 좋겠는데.

면담자   네, 저도 빨리 진상 규명이 됐으면 좋겠는데요.

다영 아빠   빨리 돼서 일상으로 돌아가서 일반 시민으로서 또 일을 해야 되겠죠, 근데 또 먹고살기 위해서도 해야 되고. 어쨌든 저는 이 참사를 통해서 내 새끼를 잃은 사람이잖아요.

면담자   네.

다영 아빠   『금요일엔 돌아오렴』 거기도 나와 있는데, '소신을 지키기도 힘든 사회고, 먹고살기도 힘든 그런 사회고, 더더군다나 가족을 지키기는 더 힘든 그런 사회다'라는 생각을 좀 많이 하고, 저 역시도 어떤 87년 이후에 형식적인 민주주의에 대해서 일정하게 수긍하고 살았던 그런 사람이고, 근데 그런 과정에서 더 우리 사회는 더 나빠졌기 때문에 이것이 진상 규명이 다 된, 다 해결된다 하더라도 그냥 옛날처럼 다시 일상으로 돌아가지는 못할 것 같고요. 내가 할 수 있는 생업을 유지하면서도 여러 가지 형태로 활동을 계속할 거 같아요.

면담자   마지막으로 혹시 인터뷰 과정에서 못다 한 이야기가 있으셨나요?

다영 아빠   사실 이제 4·16 전에는 아이들이 어느 정도 컸으니까 다영이만 크면은 다영이, 다영이 뒷바라지하고 이제 큰놈들 지원하면 끝이잖아요. '한 10년 정도만 내가 뒷바라지하면은 내 의무는 거

다영 아빠 김현동

의 다 한다' 생각을 했고, 그래서 저 어디 시골 쪽에다가 가서 그냥 고추장, 된장이나 담그면서 그렇게 살려고 사실은 했었어요. '된장, 고추장 자연스럽게 하면서 먹거리 좋은 거 좀 공급하면서 지역에서 생태운동이나 이런 거 하면서 같이 그냥 소주 마셔가면서 사는 게 좋겠다' 그렇게 했었는데 이런 참사를 당한 거거든요. 그래서 그런 게 이제 다시는 가지는 못하는데, 어쨌든 '최대한 노력을 해서, 시간 이 언제가 될지 모르지만 최대한 노력을 해서 진상 규명 활동을 해 야 된다'고 생각을 하고 또 주변 다 조직을 해야 되겠죠, 가족들도 마 찬가지고 시민들도 마찬가지로 조직을 해야 되는 것이고, 그건 계속 할 것이고…. 그래서 아까도 얘기한 것처럼, 기억저장소 얘기 잠깐 내가 얘긴 했는데 내가 너무 부정적으로 얘기만 한 거 같아요. 사실 은 초기에 기록단 필요성들 제기하고 같이했던 것도 4·16저장소고 요, 또 거기에 우리 아이들 기록물들을 다 보관해야 되지 않습니까? 또 전, 전국의 활동들을 다 거기다 보관해야 되는 거고. 그런 거만 해도 사실은 중요한 일을 지금 하고 있는 거거든요. 거기에서 또 뭐 많은 분들이 함께하고 있는 것도 제가 잘 알고 있고요. 헌신적으로 하고 있는 것도 잘 알고 있고…. 그런 고생하는 것들이 헛되지 않게, 또 '결코 가족들과 따로 떨어져서 하면 절대로 안 된다'고 생각을 하 거든요.

면담자   네, 네.

다영 아빠   '형식적으로만, 예를 들어서 필요에 의해서 가족들이 뭐 거기 소장을 하고 해서 그냥 가족과 함께 결정하고 함께한다는 그런 형식적인 그런 여건만 갖추려고 하는 것이 아니라, 실질적으로 내용도 좀 가족과 함께하는 쪽으로 저는 가는 게 맞다', '다소 힘들고 시간이 걸리고 이게 합의하는 과정들이 상당히 어렵다 하더라도 나는 그렇게 가는 것이 맞다'[고] 생각을 해요. 지금 보면은 특히 배상 이거 받고 이제 [참여하는] 가족들이 거의 절반 정도밖에 남[지 않아서], 많지 않은 상태거든요. '이럴 때일수록 더 이게 필요하다' 생각을 하는 겁니다. '다시 한번, [현재] 하고 있는 거에 대해서 점검을 다시 하고, 앞으로 방향을 같이하는 방향으로 해서 하면 좋겠다' 생각이 많이 들어요.

지금 가뜩이나 우리 가족들이 말하자면 주변의 활동가들하고 관계들이 다양하잖아요. 뭐 예를 들어서 저도 그렇지만 가족들 개개인별로 친한 활동가들이 있고 단체가 있고 이래요. 또 주로 영향을 받는 사람들이 있어요. 그 사람들이 무슨 얘기하냐에 따라서 가족들의 의견들이 다 다르고 활동의 영역이 다 달라지고 있어요. 뭐 큰 틀에서는 같이하는 거지만 이게 가만히 들여다보면은 거기서도 조금씩 다 이게 나눠져 있거든요. 그런 것은, 물론 이제 일정 측면은 그게 필요하고 또 그렇게 해야 되는 것은 맞아요. 맞는 것이지만 또 이렇게 전체로 힘을 모아서 할 때는 다 같이하는 것도 필요하고 모아주는 것도 필요한데 그런 면에서 좀 부족하지 않냐 싶어요.

암튼 뭐 지금도 여전히 우리 아이들 기록이라든가 부모들 구술이나 이런 것들도 아직도 다 힘 있게 안 되고 있고, 기억저장소 가보면은 아이들 기록이 너무 없더라고요, 참여도 안 하고 있고. 그런, '그렇게[밖에] 안 되는 과정들이 있었을 것이다' 생각을 해요. 다시 한

번 그런 힘을 좀 몰아서 빠른 시일 안에 거기 기록들이 다 채워졌으면 좋겠어요.

면담자   네, 알겠습니다. 정말 긴 시간 이렇게 구술에 응해주셔서 너무 감사드립니다. 다영 아버님의 인터뷰를 이것으로 마무리하겠습니다. 수고하셨습니다.

다영 아빠   네, 고맙습니다.

4·16구술증언록 단원고 2학년 10반 제1권

그날을 말하다 다영 아빠 김현동

ⓒ 4·16기억저장소, 2020

기획 편집 4·16기억저장소 ┃ **지원 협조** (사)4·16세월호참사가족협의회
펴낸이 김종수 ┃ **펴낸곳** 한울엠플러스(주)
초판 1쇄 인쇄 2020년 4월 1일 ┃ **초판 1쇄 발행** 2020년 4월 16일
주소 10881 경기도 파주시 광인사길 153 한울시소빌딩 3층
전화 031-955-0655 ┃ **팩스** 031-955-0656 ┃ **홈페이지** www.hanulmplus.kr
등록번호 제406-2015-000143호

Printed in Korea.
ISBN 978-89-460-6785-1 04300
        978-89-460-6801-8 (세트)
* 책값은 겉표지에 표시되어 있습니다.